移民が導く日本の未来

ポストコロナと人口激減時代の処方箋

毛受敏浩

明石書店

はじめに

２０１９年冬、中国で発生した新型コロナウイルス感染症は世界各地にまたたく間に広がり、未曽有の人的被害、そして経済被害をもたらしている。コロナショックによって、日本が、そして世界がどう変わるのかは、コロナ感染がいつ収束するかにかかっているが、政府は翌年４月に非常事態宣言を発し、さらに５月には「新しい生活様式」を提言するなど、すでに社会に大きな変化を与える状況が生まれている。

さて、コロナショックが終息したあと、日本は実体経済の悪化だけではなく、危機的なレベルに拡大した債務、以前から続く人口減少という大きな難題を抱えて再出発する。

思い起こせば２０１５年９月、安倍晋三首相は従来のアベノミクスの発展系として「新三本の矢」を打ち出した。２０２０年の名目ＧＤＰ６００兆円、出生率１・８、介護離職ゼロを掲げたが、コロナウイルスの影響がなくてもどの目標も達成困難なものばかりだった。アベノミクスの最大の功績といえるのは外国人観光客による経済効果と思われるが、コロナショックによって出入国制限は長期化し、今後インバウンド関係の業種は低迷状態に陥る可能性がある。振り出しに戻ってしまった今、ゼロから日本の将来を考える必要があるだろう。

コロナショックで改めて露呈したのは日本のレジリエンス（復元力、危機対応能力）の低さである。政府はコロナウイルスの感染拡大に対して、ＰＣＲ検査の導入を図ろうとしたが、機材に加えて検査官の数が足らないことがネックになった。またマスクや医療器材の増産がすぐに進まなかった原因も人材不足が挙げられる。感染者が入院する病院も医師、看護師不足が深刻化していた。ＩＴ大国であるはずの日本でマスクという極めてローテクの品物を数か月にわたり十分に供給することができなかった。露呈したＩＴ化の遅れとともに結局は人材の不足がさまざまな問題の足かせとなった。

コロナショック後には社会のレジリエンスをどう向上させるかが最大のテーマとなるだろう。あらゆる分野のレジリエンス低下につながる元凶は人材不足であり、その根本には人口動態の変化がある。従来から課題とされてきた人口減少、少子高齢化に効果をもたらす政策なしには今後の日本のレジリエンスは低下する一方だろう。

社会のレジリエンスを抜本的に高めるには人口の若返りが必要だが現実には難しい。地方創生は出生率の改善を目指したが全くといってよいほど成果は上がっていない。日本国内での対応だけではどう考えても限界がある。となれば、海外から優秀な青年を受入れ活躍してもらう必要がある。２０１９年４月には入管法改正が行われ「特定技能」の在留資格が創設され、外国人受入れに向けて一歩を踏み出したばかりだった。

突然のコロナショックによって一時的に国内では失業問題も発生するだろう。しかし、農林水産業や介護分野での人手不足が解消するとは思えない。日本は中長期的には人材不足から逃れることはできない。その意味で日本人の青年とともに外国人青年の日本での活躍が必要不可欠になる。

しかし、その一方で、コロナの再発リスクを考えれば各国の海外渡航の規制の長期化は避けられない。そうなれば、人の自由な移動を前提としていた現在の外国人受入れ制度は大きな曲がり角を迎える。とりわけ、自由な人の往来を前提に一時的、安価な労働力を得る制度であった技能実習制度は終焉を迎えるのではないだろうか。

つまり渡航の自由が制限される時代には、従来のような一時的、使い捨て型の外国人労働者雇用ではなく、日本の社会に貢献する人材を選択的に受入れ、定住を前提として受入れする方向に変わらざるを得ない。

日本のレジリエンスを高める上で、従来に増して重要なのは、外国人受入れ政策とともにこれまで光が当たらなかった在留外国人の存在である。その数は２０１９年には３００万人近くに達し、20代、30代が50％以上を占める。彼らの活躍を促すための取組みこそが、高齢化し働き手が減り続ける日本社会がレジリエンスを高め、再活性化できるかどうかのカギを握っているといってよいだろう。

彼らの潜在力を十分に発揮してもらうために、日本語教育と職業訓練に力を入れるべきであろう。とりわけ移民２世、３世は社会から落ちこぼれていることも多く、彼らの未来を創造するためにも政府や民間の取組みが必要となる。

本書の第1章「コロナショックで見えた日本の弱点」では、コロナショックで浮かび上がったさまざまな課題が人材不足そして人口変動に原点があることと、現在の政策の限界を詳述する。第2章「外国人が直面する壁」では、日本の再生に欠かせない外国人に注目し、彼らが日本社会で暮らす上で直面する課題を見ていく。第3章「新たな政策への方向転換」では、2018年末の入管法の改正を巡る舞台裏で政治家によってどのような議論が行われたのかについて筆者自身の経験を通して検証する。第4章「特定技能を巡る課題」では、入管法改正によって創設された特定技能制度と技能実習制度が存続することの課題を描き出す。

第5章「30年間の政策空白」では在留外国人に対する政策が30年近くにわたり不在であったことが何をもたらしたのかを見ていく。そして日本に住む外国人が社会から落ちこぼれていった現実を直視する。第6章の「未来予想――成功を導くために」では、2025年のある自治体を舞台にしたストーリーとして振り返るかたちで、外国人受入れの成功に何が必要かを明らかにする。最終章の第7章「コロナショック後の外国人受入れを展望する」では、今後とるべき政策、そして地域社会での取組みのあり方を考える。

従来、日本では人手不足、人口減少、少子高齢化はやむを得ないものとあきらめる風潮が強まっていた。しかし、今回のコロナショックで、人口問題の解決がなければ、日本は危機を乗り越えられないことが明らかになったのではないだろうか。その意味で、日本の再生には外国人受入れのあり方は喫緊の課題であり、コロナショックこそが新たな政策にチャレンジする機会となるだろう。新たな岐路に立った日本の将来と日本新生のあり方を皆さんとともに考えられれば幸いである。

移民が導く日本の未来　目次

第2章　外国人が直面する壁

第3章 新たな政策への方向転換

第4章 特定技能を巡る課題

第1章

コロナショックで見えた日本の弱点

中国内陸部の都市、武漢で２０１９年11月に発生した新型コロナウイルス感染症はやがて中国国内でその感染範囲を徐々に広げていった。２０２０年の正月には、日本をはじめ他の国々は例年通りの年初を迎え、この時点では中国で発生した感染症に対して対岸の火事と見ていた。しかし、１月９日には中国で初めて感染者が死亡し、１月16日には日本で最初の感染者が確認された。１月30日にＷＨＯが国際的に懸念される公衆衛生上の緊急事態を宣言すると世界中で一挙に緊張が高まった。

２月３日、集団感染を起こしたクルーズ客船「ダイヤモンド・プリンセス号」が横浜港に帰港した。乗客２６６６人、乗員１０４５人を乗せたこのクルーズ船に対する日本政府の対応に世界中の注目が集まった。政府は船内での隔離措置をとったが、日増しに感染者数は増加を続けた。４月20日の時点でダイヤモンド・プリンセス号では乗員乗客７１２人が感染し、13人が亡くなった。

ダイヤモンド・プリンセスに関心が向けられているなかで、日本国内外での感染者も徐々に増え始めた。イタリアでは２月以降、感染者数は急増し、感染者は21万人、死者は３万人を超える事態となった。３月９日からは都市封鎖（ロックダウン）が実施された。

一方、アメリカでも急速に新型コロナウイルスは広がり３月下旬から爆発的な感染拡大が起こった。6000万人近い国民が保険に入っておらず、病院に行けない人々が数多くいたことがその要因ともいわれる。最も深刻な感染が広がったニューヨーク州では死者数は3万人を超えた。2020年7月下旬の段階でアメリカ全体の感染者数は300万人を突破、世界では1400万人を超えて増加を続けた。

世界に大きな衝撃と経済面での大打撃を与えた新型コロナウイルスだが、世界がグローバル化していることを改めて認識させる結果となった。国境を越えた人の移動が頻繁に行われ、世界の物流、金融も一体化しているなかで、新型ウイルスによって「検疫」という古臭い制度が唐突に最前列に躍り出て、グローバル化に急ブレーキをかける結果となった。人々の移動は国内外で制限され、世界は19世紀に一時的に引き戻された。グローバル化を前提としたわれわれの世界は時計の針が逆転したことで大きな痛手を被った。

コロナショックをどう見るか

コロナショックは単なる医療上の危機ではなかった。外出自粛、渡航禁止は世界的な経済危機をもたらし、人々の暮らしぶりを一変させた。人々の行動や生活パターン、そして価値観、生死感にまで影響を与えたといえる。

コロナ後の世界がどうなるのか？　多くの識者が語り始めた。共通するのは、コロナショック前の状態に完全に戻ることはないだろうということだ。

インド出身の投資家で『シャルマの未来予測――これから成長する国 沈む国』（川島睦保訳、東洋経済新報社）などの著作があるルチル・シャルマは、コロナショック以前から現れていた四つのDがより明確になり、世界を方向づけるという。一つ目は脱グローバル化（De-Globalization）。グローバル化のもたらす負の側面、貧富の拡大などに対して、世界では反グローバル的、国家主義的な運動が一層活発になる。ヨーロッパの反移民を訴える政治勢力やメキシコとの国境に壁を作ろうとするトランプ大統領もその一人であるが、グローバル化への反動がさらに広がる可能性がある。

二つ目は債務恐怖症（Debt Phobia）である。２００８年のリーマンショック以降、世界は債務に対して強い警戒感を持つようになった。コロナの影響を受けた企業に対して、各国は異例の経済対策を打ち出したが、それは国家債務を急増させることを意味し、将来、その債務に対する危機意識が高まるという。

そして三つ目が生産性の低下（Declining Productivity）である。リーマンショック後、世界の生産性の向上はネットゲームなどのエンターテインメントに集中し、汎用性のある革新にはそれほど結びついていない。コロナショック後はさらに停滞が続くと想定する。四つ目は人口減少（Depopulation）である。日本がその先頭を走っているが、多くの先進国では生産年齢人口の減少が始まっており、この事実がコロナショック後に各国に大きな影響を与えるという。

シャルマはこの四つのトレンドのうち、コロナショック後にはとりわけ、脱グローバル化と債務恐怖症によって世界経済は低迷を続けるだろうと予測する。

「鎖国」と運命共同体

グローバル化については従来から見直すべきだという意見が根強くある。安い労働力、原材料を求めて世界中にサプライチェーンを広げること、そして効率化を追求するジャストインタイム制など、経済のグローバル化は利潤の最大化を目指すことを目的としてきた。しかしこのモデルは、少なくとも二つの点で欠陥がある。

一つはグローバル化で得られた富が国内、国際的にも再配分されずに、貧富の拡大を生んだことだ。マクロで見れば富を得た者の利益が貧者に分配されることはなかった。もう一つは、効率化を求めるあまり、在庫を極限まで減らす経営の合理化は余裕を「無駄」として精緻な制度を作り上げた。しかし、コロナショックではその欠点が露呈した。サプライチェーンの一部が滞るとシステム全体が機能不全に陥った。世界の製造現場が中国に集中した結果、中国からの一部の部品が入らないために完成品を作れないという事態に日本のみならず世界中が見舞われた。

経済面だけではなく、コロナショックは人々の考え方にも影響を与えるだろう。感染を恐れて物理的に人と接触しないことが長く続いた結果、コロナショックが終息しても、直接的な接触を回避するとともに、一種の潔癖症が身にしみこんでしまうこともあるだろう。コロナウイルスはいつどこで再発するかもしれず、かつてのような人間的接触、集団行動を避けることが常態化することも起こり得る。

すでにＩＴが社会に広がるなかでオンラインによる交流が広がりつつあり、今後は実生活（ＩＲＬ、In Real Life）のほうが例外といった行動パターンが日常化する可能性もあるだろう。もしそうなれば、観光業や通常のエンターテインメント産業にとっては大きな打撃となるだけではなく、経済ばかりか、社会生活、人間関係にまで変化が及ぶことになっていく。リアルな人の交流の減少によってひいては結婚も減り、さらには出生率の一層の減少にもつながることが懸念される。

中国から発生し、東アジア、ヨーロッパ、アメリカを襲ったコロナショックは南米、アフリカなど途上国でも猛威を振るっている。新型コロナウイルスの感染は先進国／途上国、金持ち／貧乏人を区別しない。ある意味平等だが、しかし、感染後の処置は国、経済レベルによって大きく異なる。その意味で平等性と不平等性を併せ持っている。

公衆衛生や医療ばかりか、安全な飲み水すらない国が多いことを考えれば、途上国では終息までの長期化は避けられないだろう。先進国の住民は自国でコロナウイルスの終息を迎えたとしても、世界のどこかの国に感染者がいる限り、常に国外からウイルスが持ち込まれることで再発のリスクがあり、気を抜くことはできない。

コロナウイルスによって自国民の安全確保のために「鎖国」政策が広がり、国ごとに対応が分かれ、世界の分断につながるような局面が広がる一方で、国境を越えて広がる新型コロナウイルスは人類は運命共同体であるという事実を突きつけているともいえる。

自治体が主役

日本はこれまで何度も大きな危機を乗り越えてきた。近年では1995年に発生し6000人以上が犠牲となった阪神・淡路大震災。そして2011年の東日本大震災では、地震に加えて未曽有の津波が東北の太平洋岸を襲い、想定外の福島原子力発電所のメルトダウンをも経験した。日本は世界のなかで自然災害が最も多い国であり、危機に対する認識、準備が最も整っている国のはずだった。

しかし、新型コロナウイルスでは日本政府の対応は後手に回り、高齢化と人口減少が同時に進行する日本社会の脆弱性が露呈する結果となった。想定外の感染症の急拡大という危機に対して、政府は従来型の対応から抜け切れず、スピード、規模の両方で不十分な対応が批判を浴びた。

感染者を乗せたクルーズ船の横浜港への着岸によって、欧米よりも政府の対応のスタートは早かったものの、船内での感染は止まらず、またその後、国内での発生においては、PCR検査は一向に進まず、マスクや医療器材の不足が解消せず、また国民への給付金も変更されるなど政府の混乱を国民に印象づけた。

全国で起こったマスク不足に対して、安倍晋三首相が4月1日打ち出した「全世帯に布製のマスクを2枚届ける」という発表は、一部の国民の嘲笑を招き、メディアからはアベノミクスをもじってアベノマスクと揶揄されることになった。長期で安定していたはずの安倍政権はコロナショックへの対応の不手際から、徐々に支持率を下げる結果となった。

政府の対応の遅れの一方で、いくつかの自治体は先手を打ってコロナ対策の実施を始めた。北海道では全国最年少の知事として初当選した鈴木直道知事が2月28日から3週間にわたって緊急事態宣言を発令した。政府の指示を待って動く自治体が多いなかで、経済的な痛みを伴う緊急事態宣言を「私自身が責任を負う」として独自に発令した鈴木知事についてその後、多くの賞賛が集まった。

小池百合子東京都知事は、海外の都市で始まっていた「ロックダウン」を引き合いに出し、東京が危機に直面していることを示すとともに、政府が早急に緊急事態宣言をするよう働きかけた。毎日のように記者会見を行い、都民に対して不要不急の外出を避けることを熱心に訴えた。

小池知事による政府への積極的な働きかけもあって、政府は4月7日に東京都や大阪府など

7都府県を対象に緊急事態宣言を出したあと、4月16日に宣言の対象を全国に拡大した。政府から緊急事態宣言を引き出した小池知事は、4月25日から5月6日までの12日間を「いのちを守るステイホーム週間」と位置づけ、休業や外出自粛を強く求めた。さらに小池都知事は、国が否定し続ける休業補償について、都独自の「協力金」制度を立ち上げた。

一方、コロナウイルスへの対応が遅れたことで批判を集めた自治体もある。埼玉県ではコロナウイルスに感染後に自宅で療養していた男性2人が次々と死亡した。この結果を受けて大野元裕知事は「われわれの責任は重い」と発言し、埼玉県はその後、軽症の感染者を自宅待機から宿泊療養へと方向転換を余儀なくされる結果となった。

コロナウイルスに対する国民的な関心が高まるなかで、自治体による対応が日々、報道されるにつれて、後手に回り続けた政府に代わり、コロナウイルスという住民の命に直結する課題について自治体の果たす役割の重要性の認識が高まる結果となった。

低いレジリエンスと人材不足

もう一つコロナショックによって露呈した極めて重要な事実がある。それは日本社会のレジリエンス（復元力、危機対応能力）の低さである。高齢化と人口減少が同時に進行し、人手不足に陥った日本社会の脆弱性が顕著になったことだ。政府は2月27日に全国の学校の休校を要請したが、子どもを持つ多くの家庭に困惑と不満が広がった。それは日本の家庭の多くが共働きであり、対応に苦慮した家庭が続出したからだ。

政府は人手不足への対策として2015年に「一億総活躍政策」を打ち出し、高齢者、女性の労働を推進した。この政策によって、日本は女性、高齢者とも労働力率はすでに世界トップクラスになった。つまり、働く世代の国民のほとんどが働いている社会、別の見方からすれば余裕のない社会、バックアップのないレジリエンスの低い社会になっていたのだ。

政府はコロナウイルスの感染拡大に対してPCR検査の導入を図ろうとしたが、機材に加えて検査官の数が足らないことがネックになった。またマスクや医療器材の増産がすぐに進まなかった一因にも人材不足が挙げられる。感染者が入院する病院も医師、看護師不足が深刻化していた。IT大国であるはずの日本でマスクという極めてローテクの品物を十分に供給することができなかった。政府は従来、人手不足の解消をロボットやAIの活用で行うとしていたが、危機的な状況のなかでそれらが危機脱出に役立ったとはとても思えない。結局は人材の不足がさまざまな問題の足かせとなった。

一方、外出自粛が続く日々に食料品や日常生活に不可欠な品物を販売するスーパー等の店舗、またテイクアウトで食事を提供するレストランなどは営業を続けた。医療従事者に対してだけではなく、感染症の危険があるなかで現場で働き続ける人々に対する感謝の気持ちや収入が激減した人々に対する思いやりの気持ちも市民の間で高まったといえるだろう。

物流が危機を迎える2日間

日本のレジリエンス低下の原点には人材不足がある。人材不足は中長期のトレンドである人口問題に直結している。日本はコロナショック以前から人口問題が指摘されていた。少子高齢化がかねてから大きな問題であり、安倍総理も2020年の年頭の所感で、持論の憲法改正の必要性に触れながらも、少子高齢化を最大の課題であると指摘している。高齢化や過疎化による深刻な状況がすでに発生していることはよく知られており、日本の人口問題がすでに危機的な水準に達しながら、期待された地方創生は全く成果が上がらず、効果的な対策を見いだすことはできなかった。

しかし、2020年代にはこれまでと異次元のレベルで人口問題は深刻化し、破滅的な状況が日本各地で起こり得る。人口爆発ならぬ「人口爆縮」によって地域の衰退が急速に進み、自治体が消滅するという事態が起こることが予想される。

国立社会保障・人口問題研究所は、5年おきに日本の人口の将来予測を出す。最新の2017年の予測では20年代の人口減少は550万人、30年代は730万人へとさらに悪化していく。高齢化も留まるところを知らない。高齢化率は2060年代を超えるまで緩やかな上昇が続くと予測されている。しかも、現実はこの想定を超えて人口減少が進んでおり、危機は目の前に迫っている。

少子高齢化は人の身体でいえば、全身が老化によって衰え、末梢神経の麻痺が次第に広がるとともに末端では壊疽《えそ》が進むということである。現実に一部の地域では限界集落がゴーストタウン化する例が増えている。しかも、２０２０年代の変化は一過性のものではなく、時代とともにさらに悪化が進んでいく。そして身体の弱い部分に問題が集中して発生する。災害時に手遅れになり犠牲になった一人暮らしの高齢者のように、社会的弱者が最初に最大のリスクを背負い、被害者となっていく。

そして、人手不足はあらゆる産業に広がっている。セブン‐イレブンは人手不足によって24時間開店というこれまでの方針が危うくなり、そうした状況もあって社長の交代劇にまで発展した。人手さえあれば、24時間営業したほうが店舗も儲かるし、近隣の人々にとっても利用しやすい。しかし、人手不足がセブン‐イレブンの経営に大きなくさびを打ち込んだ。

人手不足を嘆く悲鳴は運輸業でも聞こえる。新年度を前に入学、入社、転勤と3月は引越しの繁忙期だが運輸業者は人手が足らずてんてこ舞い。その結果、「引越し難民」の急増が社会現象になっていた。

希望する日に引越しができないばかりか、「見積もりで１５０万円を示された」「市内の単身の引っ越しで20万円を請求された」といった苦情が国民生活センターに寄せられる事態となった（毎日新聞２０１８年3月20日「引っ越し難民問題が深刻化　人手不足、働き方改革が影響」）。

物流関係の労働組合の幹部は年に2回、日本の物流が危機を迎える日があると筆者に打ち明けた。それは7月と12月の日本語能力試験の日。この日には外国人留学生が一斉に試験を受けるために仕事を休むので物流が一挙に滞りパニック状態に陥りかねないというのだ。

財務省が2018年1月に発表した「人手不足の現状及び対応策について」では、人手不足感について、回答企業1341社のうち「有」と回答した企業は1年前と比べ54社増加して71・0%に上った。人材の不足は、正規・非正規を問わず発生しており、特に「営業・現業職員」の逼迫が甚だしく、正規では特に専門的業務従事者の割合が高い結果となっていた。

人口減少はなぜ止められない?

人口動態の変化の実態を生産年齢人口（15〜64歳）で見てみよう。

日本の生産年齢人口の減少は1995年を境に始まり、すでに20年以上の年月が経過している。その結果、通勤、通学の利用者の減少によって、全国のバスの路線が毎年2000キロずつ廃止されるなど、日本の交通インフラは急激に縮小しつつある。

今後、生産年齢人口はどのように変化していくのだろうか? 図1を見ると2020年代には一時的に減少幅が縮小するように見える。しかし、2025年には人口の極めて多い団塊の世代が75歳を超えることになり、そうなると働き手の立場から介護を必要な人への転換が始ま

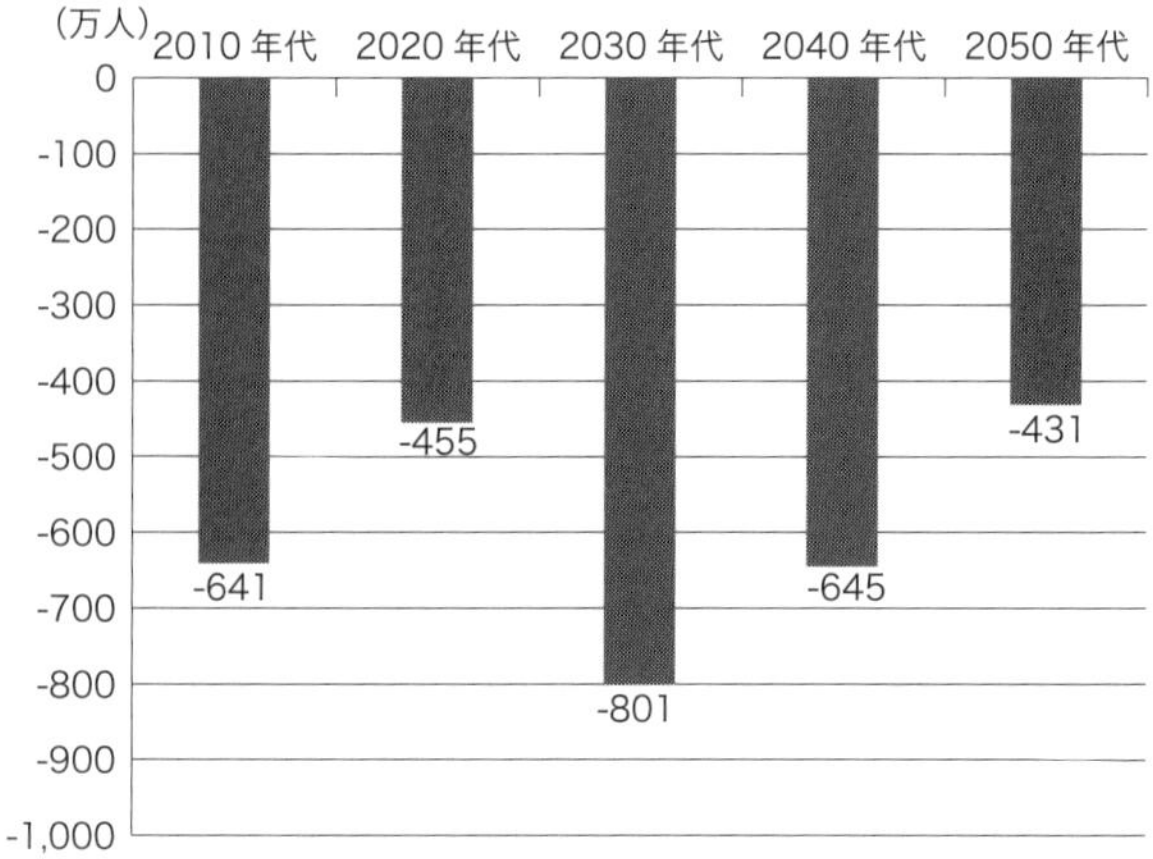

図 1　生産年齢人口の減少の推移
出典：「日本の将来推計人口（平成 29 年推計）」国立社会保障人口問題研究所より筆者作成

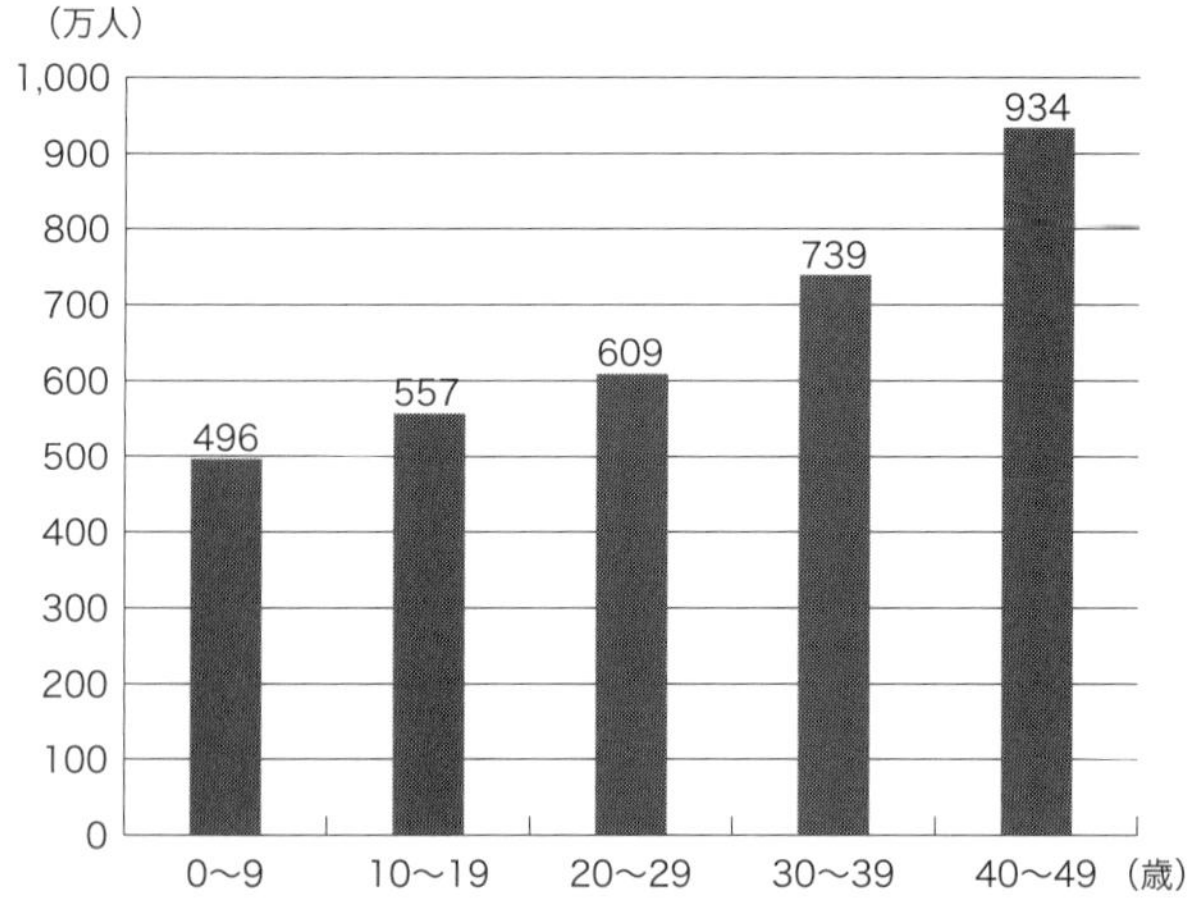

図 2　女性の年代別人口（2017 年 10 月 1 日現在）
出典：総務省統計局「人口推計－平成 29 年 10 月－」より筆者作成

る。そして2030年代になると生産年齢人口の減少は極限に達し、たった10年の間に働き手世代の減少は800万人に近い数となる。高齢化が続くなかで働き手がいなくなる時代へと突入していく。

2040年代には生産年齢人口の減少幅が少なくなるように見えるが、総人口全体の減少に伴うものであり、しかも高齢化率の上昇は2060年代を超えて続く。決して山を越えたというような状況とはいえない。

では、今後、政府の出生率を改善する政策によって日本の人口減少が止まることはないのだろうか?

2019年の日本の出生率は1・36であるが、これが2・07以上にならないとこの悪循環から抜け出すことはできない。しかしそれは不可能といってよいだろう。すべての若者が結婚し2人以上の子どもを産んで初めて達成できる数だからだ。政府の努力でとても実現できる数字とは思えない。

さらに深刻な事情がある。図2の女性の年代別人口の数字を見れば、若い世代ほど人口が少ない。40歳を超えて出産する女性も増えているが、仮に子どもを産む世代を20~39歳として考えてみよう。現在0~19歳の世代が20年後のその世代に該当するが、その数は1348万人から1053万人へと22%も激減する。つまり女性の数自体が減り続けていくので、出生率が上がっても子どもの数は決して増えることはない。

今、小学校に通う子どもたち。人生100年時代であることを考えれば、彼らは22世紀まで生きる人たちでもある。彼らが22世紀を迎えたとき、日本の人口は今の半分以下、5000万人台になるというのが国立社会保障人口問題研究所の推計である。われわれだけではなく、われわれの子どもたちも含めて「今年は昨年に比べて人口が増えました」というニュースを生きている間に聞くことはないだろう。もはや日本は人口減少のサイクルから抜け出す道はないのである。

ますます高齢化が進んでいく日本。ある市役所の受付には毎朝、一人の高齢者がやってくるという。その高齢者は受付の女性に決まって「今日一日、どうしたらよいでしょうか？」と尋ねる。最初は面食らっていた受付嬢も「今日は晴れて気持ちがいいので、〇〇公園に行かれてはどうですか？」と対応しているという。

役所の受付や商店の店頭に認知症と思われる高齢者がやってきて、思い込みや理屈に合わない話を延々と続けて担当者や販売員を困らせている。また高齢者はＩＴに対しても十分に使いこなすことは難しく、そのための混乱や間違った使用のために本来の機能が使えないばかりか、能率が一層低下する。歳をとると忘れ物が増え、探すために余計な時間や人手が割かれる。60歳を超えた筆者も他人事ではない。同世代以上の人々は同じ悩み、経験を日々している。

施設名	定員	平成29年6月30日現在待機人数	平成30年12月1日現在待機人数	令和元年12月1日現在待機人数
桜が丘延寿ホーム	105人	371人	509人	219人
和光園	130人	231人	443人	483人
愛生苑	80人	285人	365人	385人
白楽荘	150人	339人	391人	616人
ケアプラザ多摩	112人	404人	360人	469人

表1　多摩市内特別養護老人ホーム待機者状況

さらに深刻なのは介護人材不足である。

厚生労働省は、特別養護老人ホームなど、介護施設の職員による高齢者への虐待が、２０１７年度に５１０件（前年度比58件増）となり、11年連続増加し過去最多となったと発表した。その原因（複数回答）として、「教育・知識・介護技術等に関する問題」が３０３件（60・１％）で最も多く、次いで「職員のストレスや感情コントロールの問題」が１３３件（26・４％）、「倫理観や理念の欠如」が58件（11・５％）であった。

一方、養護者による虐待の原因（複数回答）は「虐待者の介護疲れ・介護ストレス」が１２８５件（24・２％）で最も多く、次いで「虐待者の障害・疾病」が１１６０件（21・８％）となっている（平成29年度「高齢者虐待の防止、高齢者の養護者に対する支援等に関する法律」に基づく対応状況等に関する調査結果）。以上の調査結果は増え続ける高齢者に対して、介護を担う人材が悲鳴を上げていることを端的に示しているようだ。

では、増え続ける高齢者はそもそも介護施設に入居できるのだろうか。表１は東京の多摩市の特別養護老人ホームの待機人数状況である。定員に対して、2倍から4倍ほどの待機者がすでに存在する。しかもその待機者は急増している。毎年の空きの発生は定員の1～2割とされるが、そうであれば、場合によれば20年以上の待機が当たりということにもなり得るのかもしれない。施設を作りたくとも介護人材が足りず、高齢者施設はパンク状態にある。人手不足は利便性を失わせるばかりか、人の命にかかわる分野にまで直接影響を与え始めている。

介護の世界にも徐々に外国人の介護士が増えつつある。日本人を雇いたくとも、日本の若者の総数自体が減少しており、賃金を上げても、結局は別の産業分野から人を引っ張ってくるだけで、パイの奪い合いに過ぎない。こちらを立てればあちらが立たずとなるのは明らかである。高齢化が進む日本社会を維持するには、若い働き手が不可欠なのである。

自衛隊にグルコサミン支給？

高齢社会は極めてリスクに対して弱い社会でもあると実感させられることがあった。筆者は2017年、ウォール・ストリート・ジャーナルの記者と新潟県燕市を訪れた。北朝鮮からのミサイルに対するJアラートの本格的な訓練を燕市が実施したからである。燕市の防災担当者は自衛隊のOBで本格的な防災訓練が全国に先駆けて実施された。

市の中心から外れた農村地域で実施されたその訓練の様子を取材するためアメリカ人記者と

ともに地元を訪れた。地域の人たちも自治会施設に集まり、訓練の日の様子を話してくれた。

室内に地区全体を示した大きな地図が張り出された。そこには地域に住む人全員の当日の位置が三色のドットで表され、避難サイレンが鳴ったときに地域のすべての人がどこにいたかがわかるようになっていた。家の中にいた人、田んぼや畑など屋外にいた人が異なる色で表された。それ以外にもう1色があった。それは何かと聞くと、寝たきりや車椅子など、すぐに移動できない人を表したものだとの説明だった。なんとその割合は全体の3分の1近くを占めていた。

その説明を聞いてアメリカ人の記者が驚いたのはいうまでもない。高齢化が進んだ農村地域では、ミサイルが飛んでこなくとも、自然災害の発生の際にもすぐに避難できない人たちがこれだけたくさんいるということだ。高齢者ばかりの社会は極めて脆弱である。政府は高齢者同士が助け合うようにというが、いざというときにそれが可能とはとても思えない。

2018年夏に西日本を襲った集中豪雨。犠牲者141人について調べたところ、60歳以上が100人と7割を超えたことが明らかになった。岡山県真備町で死亡した人のうち、年齢が判明している37人を見ると、33人が60代以上だった（豪雨犠牲者、7割超が60歳以上「災害弱者」浮き彫り、「朝日新聞」2018年7月13日）。

自然災害の多い日本では社会の安全は高齢者ばかりでは守れない。地域社会には国籍に関係なく、日本人であろうが、外国人であろうが若者の存在が不可欠なのである。自衛隊など公的な支援が入る前に被災現場に若者がいなければ多くの高齢者が犠牲になることは明らかだ。

その自衛隊も隊員の高齢化が始まっている。防衛省は２０１８年10月に自衛官の採用年齢の上限を26歳から32歳に引き上げた。これは自衛隊の隊員が不足していることへの対策である。陸海空に統合幕僚監部も加えた自衛官の定員は、18年3月末時点で24万７１５４人である一方、隊員数は22万６７８９人と充足率は91・８％に留まる。年齢の引き上げは苦肉の策といえるが、年齢の高い自衛隊員で厳しい訓練や実践に耐えられるのだろうか。２０１９年10月27日の日本経済新聞の「『90万人割れ』時代の自衛隊」と題するコラムでは、「陸上自衛隊でいちばん人数が多い世代は実は50歳代だ」とし、「隊員にグルコサミンを支給しなければならなくなるかもしれない」と皮肉っている。

砂時計現象という危機

日本の人口増減は東京と地方で二つの異なるパターンがあった。地方は東京に進学や就職で若い世代の人口を吸い上げられ、東京は吸い上げた若い世代によって拡大を続けるというパターンである。単純にいえば東京が勝ち組で地方が負け組ということである。日本全体の高齢化が進むことによって、地方では高齢化と人口減少の深刻化という二重苦に陥る。

２０１５年10月に実施された国勢調査では、全国１７１９市町村の82・４％に当たる１４１

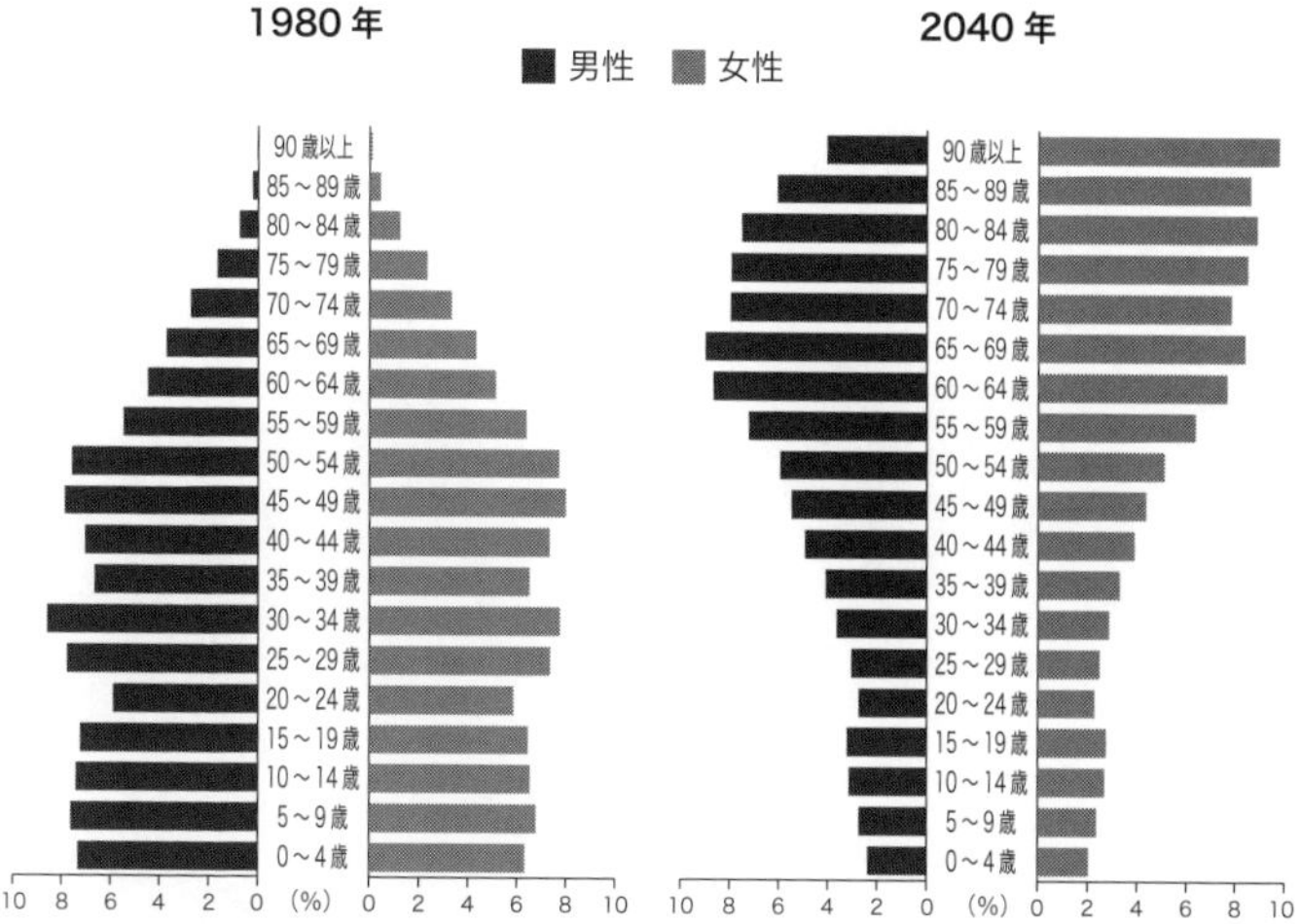

図３　秋田県の人口ピラミッド
出典：『中小企業白書平成 2015 年度版』(http://www.chusho.meti.go.jp/pamflet/hakusyo/H27/h27/html/b3_2_4_2.html)

９市町村で人口が減少し、半数近い８２８市町村で２０１０年調査と比べ５％以上減少する結果となった。

人口減少が最も厳しい県に秋田県がある。秋田県は２０１７年４月１日時点の県内人口が99万９６３６人となり、１００万人を割り込んだ。90万人台となるのは１９３０年以来で、ピークだった１９５６年の１３５万人から26％減少している。

秋田県では若者らが進学や就職を機に県外に流出する社会減が多く、近年は年間約１万人のペースで人口が減少している。人口減少率は２０１３年から４年連続で全国トップであり、２０４０年に70万人まで減ると推計されている。

地方の人口減少は少子化による子ども

の数の減少に加えて若者の県外への流出、さらには高齢者層すらも減少するという三つの要素によって引き起こされる。今後、人口減少が加速すれば将来を悲観して若者の流出もさらに加速するという最悪のシナリオが考えられる。

これは「砂時計」を思い起こさせる。少しずつ落ちていたように見えた砂が残り少なくなると、あたかも落下の勢いを増したかのようにあっという間に空っぽになってしまう。もし、この「砂時計現象」が始まれば、もうその地域は手の打ちようがない。その意味で人口減少が進行している地域にとって残された時間は極めて貴重であり、最悪の人口減少が始まる前に、従来の発想を超えた実効性のある対策を打たなければならない。

砂時計現象はすでにいくつかの市町村で起こり始めている。2010年から15年の5年間に秋田県では人口変化はマイナス5・8％に達した。しかしこれは序の口に過ぎず、2025年から30年にはマイナス8・0％、2040年から45年にはマイナス10・6％に達する（『日本の地域別将来推計人口（平成30（2018）年推計）』国立社会保障・人口問題研究所）。5年間に人口が10％以上減少するとはどういうことだろうか。5年ごとに10％ずつ減れば50年後にはマイナス65％と、4割以下の人口になることを意味する、恐るべき減少スピードである。県全体が急速にしぼみ始め、一度入ったら抜け出せないアリ地獄に入り込んだ状況になるということだ。

人口減少に付随するもう一つの深刻な問題は財政難である。政府は社会保障の増大を食い止めようと、政府による「公助」の代わりに「自助」「共助」を求めている。しかし、地域社会に若者がいる地域であればよいが、そもそも自助すらできない高齢者ばかりの地域では、共助したくともその余裕がないというケースが多いだろう。

地域内で助け合うことはぜひ推進すべきではある。しかし、人口減少は止まることなく悪化し続ける。高齢化が深刻化する日本では、共助で解決できるようなレベルでは済まされない問題が山積みになるだろう。またあえて共助を強調すれば、地域にいる若者に過度の負担を強いることにもなりかねない。ボランティアを強制することはできないし、自分や家族のために時間を使いたいという声を無視することもできない。

税金を徴収し、本来、地域社会のあり方に責任を持つべき政府や自治体が、住民やボランティアに過度に依存しようとする考え自体がおかしいといわざるを得ない。それでは地域社会は長続きするはずもなく、また過大な期待をかけられる若者は地域社会から去って都会に出て行くだろう。

地方創生の先にある未来

では政府は人口減少についてどう考えているのだろうか？

２０１４年に制定された「まち・ひと・しごと創生法（地方創生法）」では、２０６０年に１億人程度の人口を確保するとして、２０３０年に出生率が１・８程度、２０４０年に２・07程度まで上昇することを目標とする人口の長期ビジョンの作成を自治体に求めた。その目標に向けて各自治体では策定を終えている。

ではその中身はどのようなものだろうか？

岩手県の北部に位置する二戸市を例にその内容を見てみよう。二戸市は東北新幹線の二戸駅があり、また八戸自動車道浄法寺インターチェンジが立地し、交通インフラの面では極めて恵まれた地域といえる。二戸市は2006年に旧二戸市と浄法寺町が合併し、3万1477人の新市として発足したが、その後、人口減少が続いている。

二戸市の人口は2010年の時点で2万9702人と3万人を切った。65歳以上の人口はすでに8878人（29.9％）と、岩手県全体の高齢化率よりやや高めの数字となっている。人口の変動に影響を与える社会増減、つまり転入数、転出数を見ると、2013年の転入は766人、転出は915人と転出者が149人上回っている。一方、自然増減として出生数、死亡数を見るとそれぞれ191人、424人と死亡数が出生数を大幅に上回っており、これが人口減をもたらしている大きな理由といえる。

では二戸市はどのように地域の将来の持続性を考えているのだろうか？

2016年2月に二戸市が作成した「二戸市人口ビジョン」では、将来展望として、国の長期ビジョンなどを踏まえ、2045年に人口規模2万人を維持し、かつ、人口構造の若返りを目指すとしている。30年後には人口の3分の1、1万人以上の減少を容認せざるを得ないとは大きな痛みを伴うビジョンである。

では、そのビジョンの中身はどうか？　ビジョンを実現するための方法として、（1）合計特殊出生率の上昇、（2）雇用の場の確保による転出抑制、（3）子育て世代の転出抑制と転入促進の3本の政策の柱を掲げている。つまり、二戸市は何も行わないから30年後に人口2万人になってしまうというのではなく、さまざまな取組みが成功して初めて2万人が維持できるというのである。

まず合計特殊出生率の上昇では、2010年の二戸市の合計特殊出生率1・47を2030年までに2・10まで上昇させ、また2030年以降は2・10の維持を図るとする。これはどう見ても困難な数字といわざるを得ない。

雇用の場の確保では、若者の就労希望を実現できる雇用環境の創出や、Uターン、Iターン、中高齢者の就業促進を目指すとする。しかし、人口が今後3分の1減少する地域で雇用が本当に維持できるのか、相当の努力が必要なのは明らかである。

さらに、子育て世代の転出抑制と転入促進では、20歳代後半~40歳代後半の世代が、安心して妊娠・出産・子育てをすることができる社会環境を実現することで、この世代と子どもの移動率を2030年に均衡させるとする。二戸市がどのような道筋でそれを達成するかは明らかではないが、現在でも地方では医者不足が深刻であることを考えると、極めて困難な道筋であることは間違いないだろう。

ともあれ、この三つの目標を達成することにより、2045年の人口は2万864人と人口2万人が維持され、また高齢化率も37・2％に留まるとしている。

しかし、こうしたことは実現可能なのだろうか？　人口ビジョンは「絵に描いた餅」ではないか。しかもこれらのほぼ不可能な前提がすべて達成されても人口3割以上減少という驚くべき事実は、地域社会が存続の危機にあることを示している。

これは二戸市に限ったことではない。全国すべての自治体が人口ビジョンを作成したが、その多くが実現性の乏しいものでしかない。現実を直視せず、あまりに楽観的な計画に依存することは、地域の未来をさらに危うくするだけだろう。

人口ビジョンを主導した政府の責任も重いといわざるを得ない。地方都市すべてが同様の状況に陥る可能性がある。まさに日本全体が「ゴーストタウン列島化」する危機を迎えている。

東京は生き延びられるか

では東京はどうなるだろうか？

日本の人口が減り続けるなかで、東京の人口は増え続けている。東京都は2020年5月に都内の人口が1400万人を初めて超えたと発表した。しかし、その増加も長くは続かないだろう。この予想以上の人口増加は地方の人口を吸い上げた結果だからだ。「東京都区市町村の人口予測」（２０１７年3月）によれば、２０２５年に東京の人口は１４００万人の一歩手前、１３９８万人でピークを迎えたのち、その後、坂道を下り始めるとする。２０４０年にはピークより50万人以上減って１３４６万人となる見込みである。

また同予測では東京の中心部である区部の総人口は、東京都全体よりも5年遅れて２０３０年にピークに達して９７９万人まで増加し、その後、減少に転じて２０４０年には９５２万人まで減少すると想定している。

２０２５年までの東京の人口増加の理由は、東京以外の地域から東京に移り住む人口の増加（社会増）が東京都内の死亡、出生数の差である自然減の減少幅よりも大きくなるためである。これまで東京は東京以外の地域からの人口を吸い寄せることで発展してきた。社会の高齢化による自然減少が避けられない以上、東京の人口の動向は地方からどれだけ人口を吸い上げられるかどうかにかかっている。

日本全体の人口が減少するなかで、東京の人口減少が少なくて済むとすれば、それは過疎化が進む地方から若い人口を吸い上げ続けていることに他ならない。逆に地方から東京への人の流れが緩和されれば、東京の人口維持に赤信号が灯ることになる。厳しいパイの奪い合いが起こるが、勝者はやはり東京だろう。しかし、日本全体の若者の数が減少していく以上、最終的には東京も高齢化と人口減少の道を辿ることになる。

また、東京都の人口の変化でより注目すべきは年齢構成の変化だろう。

1970年から2015年の45年間の変化は興味深い。東京都区部の総人口は4・9%増加する一方、若者層は激減し、高齢者層が急増した。15~29歳では52%の減少となる一方、65歳以上ではなんと322%にまで急増している（竹内一雅「東京都区部の若年人口―― 1970年~2015年に20~24歳人口は63%減」）。

つまり、1970年代の東京はまさに若者の都市であったが、その若者世代は高齢者となり、当時と同数の若者人口を維持することは遠く及ばず、自然増に加えて地方から若者を吸い上げる社会増を合わせても半分まで減ったということである。それは日本全体が高齢化するなかで当然といえるだろう。

では東京都の高齢化の状況はどうだろうか？ 2019年9月15日現在の東京都の高齢者人口は309万4000人、高齢化率は23・3%で、75歳以上の人口は162万人と前年の2・6%増となった（東京都「令和元年『敬老の日にちなんだ東京都の高齢者人口（推計）』」）。

これでも東京都の高齢化率は沖縄県を除けば、他県と比べて低い。しかし、この状況は急速に変化する。2045年の時点の東京の高齢化は30・7%になると予測されている。2018年から2045年の間に高齢化率が23・1%から30・7%へと変化するのだ。すでに介護施設は満杯状態であり、東京の高齢者の暮らしはどうなるのかについて危機感を覚えざるを得ない。

課題解決策としての外国人

ではこうした深刻な高齢化、人口減少に対してわれわれはどう対応すればよいのだろうか？　一つはＡＩ、ロボットの活用だろう。ＡＩ、ロボットの開発のスピードは凄まじく、ＡＩの開発によって人間の比較的単純な事務仕事は取って代わられるといわれる。では２０２０年代は人あまりの時代になるのだろうか？　実はそうはならないと多くの専門家は見る。従来の仕事で急減する分野はあるだろうが、逆に今までなかった仕事が増加するのである。

アマゾンなどのネット販売の活況によって、運送業は従来に増して多くの人材を必要とするようになった。近い将来、ドローンですべて配送が行われるとは考えづらいし、仮にドローンが飛躍的に発展すれば、その裏で運行や保守などさまざまな新たな仕事が生まれるだろう。しかし、その一方でＩＴを推進するためには専門人材が必要となる。日本はこの分野での人材不足が甚だしい。ここでも人材不足が課題となる。

コロナショックによって日本の産業は痛めつけられ、その結果、失業率も高まる可能性がある。とはいえ、生産年齢人口の減少が続く日本で、人手を必要とする分野は幅広い。農林水産業、介護事業など、仮に不況になったとしても、人手が大量に余るとは思えない。

コロナショックが数年間続いたとしても、結局、人手不足が解消されることはなく、それを埋めることは容易ではないということになる。すでに日本では女性もその働く割合は世界最高レベルにある。ＯＥＣＤ（経済協力開発機構）の男女別労働力参加率では２０１８年の日本の女性の労働力参加率は71・３％と、アメリカの68・２％より高いレベルとなっている。今後、女性の労働力が増加する余地は極めて乏しい。

逆に介護を必要とする高齢者の増加によって社会の基盤が揺らぐほどの労働力不足に陥ることも考えられる。２０２２年には団塊世代（１９４７〜49年生まれ）が75歳を迎えるようになり、２０２５年にはすべてが75歳を超え、いよいよ介護支援の受給予備軍世代になってしまう。

介護従事者の圧倒的な人手不足に陥ることは前から想定されていたが、厚生労働省は19年11月、看護職員が25年には最大で27万人程度不足するとの推計を発表した。すでに危機的とも思える高齢者の孤独死も一層、加速しかねない。高齢社会白書（令和元年度版）では、２０２０年時点で一人暮らしの高齢者の数はすでに７００万人に達すると見込まれ、今後もうなぎのぼりで増加し続けるからである。

しかし、光明はある。それは母国で一定レベルの教育を受けた海外の青年の受入れを行うことであり、そうすれば総人口は減り続けても活力ある世代をピンポイントで増加させることはできる。日本は出生から青年期への教育投資をすることなしに、若い労働力を手に入れられることになる。もちろん、付加的な日本語教育や継続的な職業訓練は不可欠としても、若い世代の導入は経済、社会の活性化には大いに役立つだろう。

もし、外国人を入れないと日本はどうなっていくだろうか？　都市の街中にあるコンビニから外国人店員が消えるだけでは済まない。消費者の目に触れない場面ですでに多くの外国人が働いている。コンビニに並ぶ惣菜を作るのは外国人であり、配送業の深夜のシフトを担うのも外国人である。すでに介護など命にかかわる分野で彼らは日本の社会の一端を支える役割を果たしている。すでに彼らなしでは日本の経済は回らず、またいなくなれば日本人の生活に大きな支障が生まれることになる。人口減少、高齢化がさらに進むなかで、外国人受入れを成功させることが最も効果を持ち得る政策といえるだろう。

熊本地震の際に被災した南阿蘇村では地元に定住し消防団員となったカナダ人が大活躍をしたという報道がなされた。他の先進国と同様に移民政策を構築し、日本の社会のレジリエンスを多様な面で高めてくれる人材を海外から迎え入れることが必要だろう。それを実現するためには外国人の立場に立ち、彼らが日本社会に温かく受入れられていると感じられるような環境が整えられれば、自ずから彼らも日本に大きな貢献をしてくれるだろう。

第2章

外国人が直面する壁

人口減少が続く日本では在留外国人数は増加を続け、２０１９年末には２９３万人に達し年間約20万人の増加を記録した。今後の推移が注目されるが、従来の増加は、移民政策をとらないとする政府のもとでの増加であり、その結果、在留外国人に対する支援はなおざりにされてきた。

政府による日本語教育が行われてこなかったこともあり、在留外国人の間での日本語能力は低い状態にある。新型コロナウイルスという非常事態に対して、日本語での情報がわからず、多くの外国人が情報の入手に苦労した。徐々に多言語や「やさしい日本語」による情報提供が政府や自治体によって行われるようになったものの、刻々と変わる状況に追いつくのは極めて難しい。コロナショックという日本人でも正確な情報を得るのが難しいなか、多くの外国人が情報不足によって不安を抱えた。

またコロナ発生後、観光業、対人サービス業、製造業は大きな打撃を受け、そうした産業に従事している労働者は短縮労働や雇用打ち切りによる失業を余儀なくされた。新型コロナ関連専用で英語でも対応する相談窓口を設けた全国一般東京ゼネラルユニオンには、外国人から電話や会員制交流サイト（ＳＮＳ）などで毎日１００件近い相談があるが、休業手当が出ない、時給制で収入が減った――といった相談が多く寄せられた。

２０１９年10月現在、日本には留学生や技能実習生を含め１６６万人の外国人が働いており、その29・１％がサプライチェーンの分断で大きな影響を受けた製造業で働き、また外出自粛の影響が大きい飲食・宿泊業では12・5%が働いていた。また派遣・請負で働く外国人は33万8000人と全体の20・4%を占めている。

厚生労働省は、外国人労働者が不当に解雇されることがないように、「外国人の皆さんへ（新型コロナウイルス感染症に関する情報）」として「やさしい日本語」を含め15言語で、「新型コロナウイルスにより会社の経営が悪くなっているときでも、外国人であることを理由として、外国人の労働者を、日本人より不利に扱うことは許されない。困ったときは、近くの労働局等へ相談してほしい」とのメッセージをＨＰ上で発した。これは今までにない対応として評価できる。

また政府は新型コロナウイルス感染拡大に伴う経済対策として一律10万円を給付することとしたが、住民基本台帳に記載されている人、外国人を含め全員を対象とすると決定した。さらに法務省は4月17日、実習等が困難になった技能実習生と特定技能外国人に対して、活動を指定した上で「特定活動」の在留資格を最大1年間与える決定をした。つまり、従来認められていなかった産業分野間の移動、つまり人あまりの分野から人手不足へ分野への移動を認める決定を行った。このようにコロナショックは外国人の受入れのあり方にも影響を与え始めている。

では、日本で暮らす外国人は日頃どのような課題を抱えているのだろうか。日本社会にある障壁、言葉の壁を中心に検証してみたい。

外国人は日本で生活する以上、日本語ができなければ生活の上で大きな支障に直面することになる。観光客であればそれほどの不便を感じなくとも、日本で暮らすとなると日本語は大きな障壁となる。学校で授業を受ける、仕事をするとなれば一定レベルの日本語が必要になる。日本語が読めなければ重要な情報を見落としてしまうことにもつながる。日本で生活するようになれば、ダイレクトメールや役所や公共サービスからの案内も届くようになるだろう。また子どもが日本の学校に通い始め、学校からの便りを読めなければ、子ども自身に問題が降りかかってくることになる。

大都市ではある程度、英語が通じるし、それに頼って日本語を覚えないで済ませている外国人もいるだろう。しかし、それでは得られる情報に限界があるし、また日本に一定期間住むのであれば日本語を勉強する必要がある。これは外国人自身の責任であると同時に、彼らの社会への貢献を期待するなら受入れ側も日本語学習が可能なような環境を作り出す必要がある。

例えば、日本で仕事をするために来日した外国人。彼らにとって空いている時間は限定される。地元で平日の昼間に日本語教室があるからといってそれを受講することができない人も多い。そうであれば夜間や週末に日本語教室が行われる必要がある。日本ではボランティアによって日本語教室が運営されているケースが多く、外国人よりも日本人の都合が優先されがちになる。

一方、日本で働く夫に同伴して来日した外国人女性はどうだろうか？　夫と違い、日本人と接する機会も少なく、ややもすると家に閉じこもりがちになる。昨今はＩＴの発達で、ＳＮＳや海外の放送が自由に見られるようになり、日本に暮らしながらも母国のテレビや情報だけに接して暮らすことも可能である。積極的に日本社会に出て行き、日本語を学ぼうという人であればよいが、そうでなければ、ネットを利用することで家に引きこもってしまう外国人も実際に増えている。

筆者がかかわる新宿区多文化共生まちづくり会議の場で、以前外国人女性から、小さな子どものいる女性は日本語を学びたくとも学ぶ場所が少ないという切実な問題提起があった。学ぶ意欲はあっても時間や移動の制限があり思うように日本語を学べないというのである。幸い新宿区では「外国人のための親子日本語教室（託児付き）」が開催されているが、そうしたことが行われている自治体は極めて少数だろう。今後はオンラインによる日本語学習の機会も増えるだろうが、ライフスタイルに合わせて多様なニーズに応える体制を徐々に整えていくことが求められる。

日本で暮らす外国人は年齢、国籍、学歴、在留資格、まさに千差万別であり一概にいえないが、日本人と同等のレベルの日本語の能力を持つ外国人は極めて少数に留まると考えられる。しかし、その状態では複雑な問題が起こったとき、例えば家族が重篤になる、何らかのトラブルに巻き込まれた、あるいは国内で引越しをして全く知らない土地で暮らすことになった場合などには、日本社会についての知識とともに、日本語の能力が重要なポイントになる。彼らの多くもそのことを実感しながらも、日本語を学ぶ機会は限定されている。

では現在、外国人に対する日本語教育はどのような状況にあるのだろうか。

文化庁の「平成29年度国内の日本語教育の概要」では、２０１７年11月1日現在、日本語教育実施機関・施設等数は２１０９を数え、日本語教師数は３万９５８８人、日本語学習者数は23万９５９７人となっている。

学習者数は国別では中国が最多の7万６４３２人（31・９%）であり、次いでベトナムの５万１２４６人（21・４%）、さらに最近急増しているネパールの1万２８８６人（５・４%）がベストスリーとなっている。そのあとには、韓国、フィリピン、台湾、ブラジル、インドネシアが続く。総数では前年の21万７８８１人より2万１７１６人（10・０%）増と急増している。在留外国人には子どもも含まれているとはいえ、日本語教育を十分に受けることがなく、日本語に不自由する人たちが多数存在する。

１９９０年度からの推移を見ると、日本語教育実施機関・施設等数は８２１から２１０９（２・６倍）に、日本語教師数は、８３２９人から３万９５８８人（４・８倍）に、日本語学習者数は６万６０１人から23万９５９７人（４・０倍）にそれぞれ増加している。

この間、在留外国人の数は１９９０年の１０７万５３１７人から２０１７年の２５６万１８

48人と2・4倍に増加している。この数字だけを見れば、外国人の実数の増加以上に日本語体制の充実が図られているように見えるが、1990年時点の在留外国人の多くが日本語に不自由しない在日コリアンであったことを考えれば、実態は異なるということだろう。

さて、日本語を教える日本語教師の数について見ると、2017年時点で3万9588人となっている。職務別の状況では、ボランティアが2万2640人（57・2%）と最も多く、以下、非常勤教師が1万1833人（29・9%）、常勤教師が5115人（12・9%）の順となっており、日本語教育がボランティア頼みである実情が明らかになっている。

日本語教育と同時に重要なのは、来日したばかりの外国人に対するオリエンテーションの必要性である。

新宿区多文化共生まちづくり会議で、ネパール人コミュニティの代表者がこんな話をした。近年、ネパールから来日する外国人が急増しているが、なかには首都のカトマンズにすら行ったこともないヒマラヤ山麓の地方出身者も数多く来日している。電車や高層ビルを見たことのない若者が新宿に住み始めているが、彼らの日本での生活ぶりを見ると危なっかしくて仕方がない、来日直後にしっかりと日本の生活についてのオリエンテーションを実施してほしいというのである。悪意がなくても日本人に迷惑をかける、あるいはトラブルに遭遇しかねないという。

以前にもこの会議で、日本の法律を知らずに犯罪を犯してしまった外国人の話題が出されたことがある。本人はそのことが日本で犯罪になるとは知らず、また周囲にだれも注意をする人がおらず、結果として犯罪者になってしまったという。犯罪は極端にせよ、日本人が顔をしかめる外国人のゴミ捨ても日本のルールを知らないために起こるという点では同じである。日本でのルールを教える機会を提供せずに問題点だけを指摘するのは正当な批判とはいえない。海外ではオリエンテーションを実施している国も多い。日本でも、外国人が海外から転入した際には自治体やＮＰＯがしっかりとオリエンテーションを実施できる体制を整えるべきだろう。逆にいえばそうした初歩的なことすらも日本では未整備ということになる。

ボランティア日本語教室

外国人は大学や日本語学校で正規に日本語を学ぶ学生もいるが、一般の外国人は各地域にあるボランティアによって運営される日本語教室で学ぶ人たちも多い。

東京には「東京日本語ボランティア・ネットワーク（ＴＮＶＮ）」という組織があるが、都内のボランティアによる日本語学習支援活動を行っている団体のネットワークである。１９９３年12月に結成されたＴＮＶＮは情報交換や共通の課題の解決を図ることを目的に設立され、現在、正会員の団体の数は88を数える。これは活動する日本語教室の一部に過ぎず、都内には３００ほどの日本語教室があると考えられている。

ＴＮＶＮが実施した２０１８年のアンケートによれば、日本語を学ぶ外国人のうち回答者３

20人中、日本に来てから日本語を初めて学んだ人が55・3%と最も多く、半数以上は日本語についての知識がほぼない状態で来日している。これは日本語教室の受講生が留学生ではなく、家族として同伴して来日した人たちが多いからと推測されるが、それにしても全くゼロから日本語を日本で学ぶ人が多いことに驚かされる。

出身地域別では、82・8%がアジア出身者で、国籍順では中国、韓国、台湾、ベトナム、フィリピン、インド、ネパール、タイ、ミャンマーの順となっている。日本での滞在期間は3年未満が64・8%を占めている一方、3年以上の滞在者も34・7%を占める。これは3年以上日本に滞在していても、日本語に不自由を感じる外国人が多いことを示している。

教室の運営費用については、行政からの助成金という団体が3割、学習者の参加費という団体が3割ある一方、ボランティア・学習者両方からの会費・参加費という団体も3割となっている。教えるボランティアの会費だけで運営している団体も約1割存在する。つまり教える方の善意で成り立っているのである。日本語を教えているボランティアは70歳以上が全体の4分の1、60歳代が4割と高齢化が進んでいることが確認された。活動歴では5年未満が38%と多く、一方、21年以上のベテランも約1割を占めている。

教室運営で最も大変なのが会場の確保だという。日本語ボランティア活動への理解が不十分で公共施設では一般の趣味講座等と同一扱いされることもあり、年間の優先登録で場所を確保できている教室は6割に留まっている。

日本語教室は日本語学習だけではなく、外国人と地域社会の接点の場でもある。また外国人にとって日本で住む上で必要な生活情報や文化等を日本人に直接、聞き知ることができる場所ともなっている。さらに災害時には外国人の安否情報の確認も日本語教室の外国人のネットワークによって得ることもできるだろう。その意味で、日本語教室は日本に住む外国人にとって必要不可欠なライフラインともいえる。

東京以外でもボランティアによる日本語教室はあるのだろうか？　実は全国に日本語教室があり活動が行われている。こうした活動は自治体が主導したもの以外にボランティアによって運営されているものが多数を占めており、生活に不便を感じる外国人を助け、支援しようとする日本の地域社会の健全さ、ボランティア精神の高さを示すものといえるだろう。

例えば茨城県では２０１７年４月末現在、約５万８０００人の外国人が暮らしているが、同年９月現在、31市町村で約１００か所のボランティア日本語教室が開催されており、学習者は延べ１６００人、指導者は延べ７５０人に上ると見られる（平成29年「茨城県内日本語ボランティア教室アンケート調査」による）。

学習者の属性では、妻、配偶者が最も多く、次いで就労者、学生となっている。１００か所の教室があることは心強いといえるが、在留外国人５万８０００人に対して、学習者は２０００人を下回っており、ニーズを満たしているとはとても思えない。地域レベルでボランティアによる日本語教室が各地で開催されていることは極めて意義があるとはいえ、外国人に対する需要にとても応え切れる状況ではないことがわかるだろう。

一方、京都府には2018年末で6万人を超える外国人が住むが、そのうち77％が京都市に集住しているという偏りがある。京都府の26市町村のうち16市町に26の地域日本語教室があるものの、一部の地域では専門的に教える人材が不足しているという。またボランティアによる教室は人的、財政的な余裕がなく、社会全体で支える仕組みが必要と京都府国際センターでは考えている。

そこで京都府国際センターでは、日本語支援ボランティア養成講座を開設し、空白地帯での教室立ち上げを目的に、モデル日本語教室を開催し、モデルとなる授業の見学やテキスト、指導書を公開、さらにオリジナルテキストを作成してきた。地域日本語教室ネットワークとして、京都にほんごＲＩＮＧＳが2002年に発足し21団体が加盟している。

日本語教師を国家資格に

地域社会ではボランティアによる日本語教室が大きな役割を担っているが、こうした在留外国人の日本語教育に対して政府はどのような対応をとっているのだろうか？

日本では外国人の日本語教育は文化庁が責を負っている。文化庁には国語課があるが、われわれに馴染みの深い常用漢字を決めるなど、国語のあり方を決める部署である。その国語課は外国人向けの日本語教育も担当している。

筆者は2019年度、文化庁の「国語分科会日本語教育小委員会」のメンバーに任命された。小委員会という名称自体、皮肉な見方をすれば外国人への日本語学習がいかに政府のなかで片隅に置かれてきたかを暗示しているようにも思える。

さて、2018年に発表された「外国人材の受入れ・共生のための総合的対応策」では、「円滑なコミュニケーションの実現」として「日本語教育の充実」「日本語教育機関の質の向上・適正な管理」を掲げているが、具体的にはどのような政策を今後とろうとしているのだろうか？

文化庁としては、まず今後、日本語教室を国内全域に展開し、日本語教室の空白地帯をなくしたいとする。その際、地域日本語という言葉が用いられるが、留学や研究を目的とした個人のための日本語教育ではなく、地域社会の一員としての役割を持った一個人として必要な日本語能力を身につけさせることを意図している。そしてその日本語教育を行う主体として、自治体やボランティアによる地域日本語教室が中心となることを想定している。

また文化庁では自治体が日本語教育環境を強化するための総合的な体制づくりを推進するため、実態調査と計画策定、さらに、日本語教育の司令塔となるコーディネーターの配置や市区町村の日本語教室の運営、人材育成、研究の補助を行い、急ピッチで全国に地域日本語の展開を目指すという。

文化庁では2020年3月、「日本語教師の資格の在り方について」の報告を取りまとめた。外国人に日本語を教えるための新たな「公認日本語教師」を創設するもので、日本語教師が国家資格として認定されることになる。国家資格の創設で日本語教師の専門性を高めるとともに、安定した職業として、人材確保が図られることが期待される。学士（大学卒）以上の学歴で一定の教育実習の履修、日本語教育能力の試験の合格が求められる。従来、個別の大学、日本語学校などで行われてきた日本語教師の資格が統一され、社会的認知も高まることになる。

もう一つ重要な動きは、日本語の習熟度をヨーロッパで主に使われているCEFR（欧州言語共通参照枠）に準拠し、習熟度を6段階の指標（初学者を示すA1～熟練者を示すC2）で示す方針である。これにより外国人が日本語を学ぶ場合の目安になるとともに、各レベルで具体的に何ができるかについて言語力を表すことができる。企業が雇用する外国人材の日本語能力を客観的に把握するのにも役立てることも可能になる。

従来、外国人が日本語の能力を測る試験の代表的なものとして国際交流基金の実施する日本語能力試験（JLPT）が存在した。しかし、必ずしも日本語能力を包括的に把握する上では十分ではなかった。また日本国内には20を超える日本語資格があり乱立状態となっており、整理統合する資格として、日本版CEFRが構想された。この実施によって日本語教育の統一的な標準を示すことは、外国人受入れについての政府としての政策の重要な一歩といえる。

先の日本語教育関連の政府の動きは日本語教育推進法によって加速されることになった。日本語教育推進法は国会内の超党派の日本語教育推進議員連盟により、外国人のための日本語教育を推進するための法案が検討され、２０１８年には政策要綱（原案）が示され、国会への提出に向けて準備が進められてきた。

日本語教育推進議員連盟は会長を自民党の重鎮、河村建夫議員が務めているが、民主党政権当時、文部科学大臣を務めた中川正春議員らのイニシアチブで議案の策定と各党への根回しが行われてきた。２０１９年の通常国会に議案は議員立法として提出され、６月に公布、施行された。

この法律では、外国人等に対する日本語教育を行うことを政府の責任と定め、文部科学大臣及び外務大臣は、基本方針の案を作成し、閣議の決定を求めること、また自治体も基本的な方針を定めるよう努めるとされている。重要と思われるのは日本語教育が地域の活力の向上に寄与するものであるとの認識の下で行われるとしていること、日本語教育についての国民の理解と関心の増進を求めていることである。

２０２０年には日本語教育の推進に関する基本方針（案）が政府から示され、４月にパブリックコメントにかけられ、６月には閣議決定が行われた。

この基本方針では、国は日本語教育の推進に関する施策を総合的に策定、実施する責務を有するとし、そのための法制上の措置、財政上の措置を講じなければならないとした。また外国人を雇用する事業主は日本語の日本語学習に関する支援に努めることが求められるとしている。また外国ルーツの青少年の日本語教育については「国際的な視点を持って社会で活躍する人材を育成するとともに、活力ある共生社会の実現に資する」としている。またＮＰＯや外国人学校といった地域の関係団体との連携の重要性にも言及している。

「やさしい日本語」という共通言語

在留外国人に情報を伝える場合、大多数をアジア人が占めており、英語は必ずしも共通言語ではない。最も人数の多いのは中国人だが、中国語が理解できる外国人は全体としては数少ない。かといって多言語で情報提供を行うとすれば、日本国内の定住外国人の人口集計20位（定住外国人の95％をカバー）の国の公用語は17言語もあり、現実的にそれを提供することに無理があるのは明らかである。そうしたことを考えれば、「やさしい日本語」の必要性が浮かび上がる。

日本に在住する以上、必要最小限の日本語がわかる外国人は数多い。ひらがなやカタカナは読めるが漢字は一定数だけという人も多いだろう。そうであれば、「やさしい日本語」こそが日本人と在留外国人をつなぐ共通言語であり、また日本に住む在留外国人同士をつなぐ共通言語にもなり得る。

「やさしい日本語」は自然災害が多発する日本で、災害時に外国人にどのような情報を伝えるべきかという課題から生まれた。1995年の阪神・淡路大震災の際には、日本語以外の言葉による緊急時の情報対応が未整備であることが明らかになった。そこで、青森県の弘前大学社会言語学研究室が、方言研究で培ってきた調査の方法と、1990年代に行っていた国際社会における日本語の役割研究の蓄積を土台として、「やさしい日本語」の提案を行うことになった。

弘前大学では、2005年に弘前市で公開実験を行い、外国人を普通の日本語と「やさしい日本語」の二つのグループに分けて理解度を測ったところ、「やさしい日本語」のほうがより正しく理解できるという結果が証明された。カッコ付きで「やさしい日本語」と表記されるのは、単に言葉を置き換えるだけではなく、意味をくみ取って大胆に変換されることがあるからという専門家の意見がある。

では、「やさしい日本語」とはどのようなものだろうか？　弘前大学では、基本的な文法・漢字（300字程度）・語彙（1500語程度）を習得し、日常生活に役立つ会話ができ、簡単な文章が読み書きできる能力（日本語を300時間程度学習し、初級日本語コースを修了したレベル）を想定している。日本語能力試験では5段階の真ん中、およそN3程度としている。この基準は、小学校の3年生の教科書で習う程度の漢字とひらがな、及びカタカナがわかることが前提となる。

弘前大学社会言語学研究室では「やさしい日本語」作成のためのガイドラインを公開しているが、以下のような例を挙げている。

【普通の日本語】

けさ7時21分頃、東北地方を中心に広い範囲で強い地震がありました。大きな地震のあとには必ず余震があります。引き続き厳重に注意してください。

【「やさしい日本語」】

今日朝7時21分、東北地方で大きい地震がありました。大きい地震のあとには余震（あとから来る地震）があります。気をつけてください。

ガイドラインで示されているのは、単に難しい漢字をやさしく言い換えるだけではない。文の構造も簡単にすることである。

主語と述語を一組だけ含む文にする

例：余震が起きるおそれもあるため、余震に対して十分に注意してください
↓余震《よしん》〈後《あと》から来《く》る地震《じしん》〉に気《き》をつけてください

「やさしい日本語」はすでに自治体の間で徐々に広がってきている。防災情報など、外国人住民に情報を流す場合、彼らの母語による多言語での情報発信も行われているが、数十か国にわたる外国人住民の言語に対応することは難しく、とりわけ、大地震などの発生時に多言語での情報発信は極めて困難だからだ。さらに非常時だけではなく日常的な情報発信のツールとしても活用されるようになった。

そうした状況から自治体の職員の間で「やさしい日本語」の研修が行われ、行政文書を「やさしい日本語」に切り替えて外国人に情報を届けることが自治体の間で広がりつつある。例えば横浜市の市民局広報課にはやさしい日本語担当が配置されている。

自治体ばかりではなく、海外にルーツを持つ子どもがいる学校では配布プリントなどにも活用する場が広がっている。

メディアも「やさしい日本語」に注目している。ＮＨＫは日本語の初級会話を学べる「やさしい日本語」のドラマ仕立ての語学コンテンツを17言語で放送しており、音声とテキストが無料でダウンロードできるようになっている。

新聞に採用された「やさしい日本語」

福岡に本社を置く西日本新聞は日本語が苦手な人にも伝わりやすい「やさしい日本語」でニュースを配信する「みんなでつくる『やさしい西日本新聞』」を同紙のウェブサイトで配信するサービスを２０１８年12月から開始した。

例えば、２０１８年3月8日の記事を見てみよう。

タイトル：福岡市《ふくおかし》の ちかてつの「大濠公園駅《おおほりこうえんえき》」に、もうひとつ なまえが ついた

「大濠公園駅《おおほりこうえんえき》」は、福岡市《ふくおかし》の 地下鉄《ちかてつ》の 駅《えき》です。

この 駅《えき》に、「福岡市美術館口《ふくおかしびじゅつかんぐち》」という もう 一《ひと》つの 名前《なまえ》が つきました。（口《くち》：物《もの》や 人《ひと》が 出《で》たり 入《はい》ったりするところ）

美術館《びじゅつかん》には、駅《えき》から 歩《ある》いて 10分《ふん》ぐらいで 行《い》くことが できます。

美術館《びじゅつかん》は、もうすぐ 新《あたら》しく なります。だから、駅《えき》の名前《なまえ》にも「美術館《びじゅつかん》」と つけることにしました。3月《がつ》21日《にち》から 行《い》くことが できるように なります。

元の記事は以下の通りである。

タイトル：副駅名は「福岡市美術館口」　福岡市営地下鉄・大濠公園駅　4月から車内アナウンスも〔福岡県〕

福岡市交通局は7日、市営地下鉄空港線の大濠公園駅（中央区）に、「福岡市美術館口」の副駅名を付けた。市営地下鉄の副駅名は、七隈線・薬院大通駅の「動植物園口」に次いで2駅目。

交通局は副駅名として、乗客へのサービス向上や公共施設の利用者増につなげる目的で、最寄りの公共施設の名称を付けている。今回の大濠公園駅のケースでは、徒歩10分の場所にある市美術館が今月21日にリニューアルオープンすることを踏まえ、副駅名に採用した。4月からは、車内アナウンスでも副駅名が読まれる予定。

この日は、同駅出入り口の表示を副駅名付きのものに変更したり、美術館所蔵品の写真を活用した装飾を駅構内の柱に施したりする作業が行われた。

両方を比べると、「やさしい日本語」は言葉がやさしくなり、ルビがふられるとともに、情報が大胆にそぎ落とされ、必要と考えられる最小限の情報だけに絞られている。「やさしい日本語」の提唱者である一橋大学の庵功雄教授は、「やさしい日本語」には二つのタイプがあるという。一つは成人の定住外国人を対象とした、母語でならいえることを日本語でもいえるための「やさしい日本語」である。これが身につくことで安心した社会生活を送ることができ、政府として公的保障の対象ともなり得るレベルの日本語を指すという。

もう一つの「やさしい日本語」は外国ルーツ青少年が、学校で日本人に追いつくためのバイパスとしての「やさしい日本語」である。日本語話者の子どもと対等に学校で学び、競争できるための条件を言語的に保障することは重要であり、それを実現するための手段としての「やさしい日本語」の役割があると主張する。

「やさしい日本語」の必要性の理由の一つとして日本語には極めてあいまいな表現が多く、外国人には難しいことが挙げられるのではないだろうか。例えば「結構」という表現は、それでよいという許可を意味したが、徐々に必要ありませんという否定的な意味を持つようになった。さらに別の婉曲表現として「大丈夫」がある。大丈夫は本来は、強くてしっかりしている意味であり、OKという肯定的な使われ方をしたが、近年では不要という否定的な意味でも使われるようになっている。

日本語では否定的な表現を極力避ける傾向があり、否定的なニュアンスを和らげるために本来肯定的な言葉が否定的な言葉と同時に使われるのではないだろうか。そして「結構」が否定的な意味で使われることが多くなると、それを避けて次には「大丈夫」が登場し使われ始めたのかもしれない。「結構」も「大丈夫」も実際に使われる際には、それぞれの文脈を考えて肯定か、否定かを判断する必要があるが、日本人でもはっきり判別できないことも多い。状況によって変化し、また時代とともに変化する繊細な日本語表現を外国語として学ぶ外国人がついていくのはほぼ不可能だろう。またそうしたことを理解しなければならないと要求すれば、そもそも日本語を学ぶ意欲を失い、学習する選択をやめてしまうだろう。「やさしい日本語」の出現は、日本語の特性であるあいまい表現は文学表現としては重要であっても、生活言語、ビジネス言語としては日本人に対してもより明確な表現の言語への修正が迫られる時代が来ていることを示唆しているのかもしれない。

韓国の外国人への韓国語教育

在留外国人に対する政府の日本語教育はようやく本格化し始めたばかりといえる。ではお隣の韓国ではどうだろうか。筆者は２０１９年の夏、外国人に韓国政府の予算で韓国語を教える事業を知るため、ソウルにあるスンミョン女子大学を訪れる機会があった。

この事業はＫＩＩＰと呼ばれており、２００９年に開始された。外国人が韓国社会に適応し自立するためには、韓国語とともに韓国社会の基礎的な知識を身につける必要がある。ＫＩＩＰ事業は韓国の言語、文化を習得させる事業であり、法務部（法務省）により標準カリキュラムが開発されている。

ＫＩＩＰ事業は一過性のものではない。在韓外国人基本法、入管法、国籍法に基づくものであり、対象とするのは3か月以上韓国に合法的に在留する外国人、韓国へ帰化した人々である。彼らに対して政府はＫＩＩＰ事業を無償で提供する。帰化を目指す人にとってはＫＩＩＰ事業を履修することで帰化のための試験を免除される特典がある。帰化を目指す外国人以外にも、ＫＩＩＰの修了書が韓国語能力の証明として就職面でも有利になり、またこの事業の実施主体が法務部であるため、安定的な在留資格を得ることにもつながるという。

ＫＩＩＰは基礎と第1ステップから最上級の第5ステップの段階に分かれている。基礎は15時間、第1ステップから第4ステップまでは各１００時間、そして第5ステップは70時間となっている。内容は韓国語の学習と韓国社会で暮らす上で必要な生活情報、基礎的な法律、文化、在留資格などで、社会に適応できる人材となるように配慮されている。外国人から見ればＫＩＩＰを受講することで安心して韓国で暮らすための知識が身につくことになる。

外国人はその在留資格によってＫＩＰＰの受講が必須の場合とそうでない場合に分かれる。必須となる在留資格はホテル、飲食業などに従事する人々や韓国系中国人であり、一方、韓国人の配偶者、留学生、子どもなどは必須ではない。しかし、韓国語が不自由な場合には政府機関から受講が勧められ、また自発的に受講する外国人も多い。

ＫＩＩＰの参加者は年々増え続けており、２０１７年には5万６３９人が受講し、発足以来、21万人近い外国人が受講したという。発足10年目の17年には、事業の成果についての研究発表が行われた。それによると外国人の韓国語能力の向上以外に、賃金の上昇、非正規労働から正規労働へ転換した労働者の増加、国籍取得率の上昇、さらに生活の満足度の上昇、友達が増えるといった顕著な成果が見られた。一方、外国人からはこの事業について就職につながる知識面を強化してほしいという要望があったという。

訪問したスンミョン女子大学では学舎の一部が外国人のための韓国語教室となっており、年間1000人ほどが受講するという教室内で責任者のキム教授から話を聞くことができた。2019年の時点で韓国各地にKIIP事業を行う実施機関が336あり、そのうち拠点運営機関として47の組織（うち31が大学）があるという。なお、これらの機関ではいくつかの異なるレベルの資格を持つプロの教師が指導に当たっている。快く各教室を案内し、KIIPについて詳細に説明をしてくれたキム教授は、韓国語を学びたいニーズが増えているのに政府の予算が増えない、われわれは社会的な意義に共感して仕事をしているのが現状と話してくれた。

とはいえ、日本の外国人の日本語教育の現状がボランティアによる教室に依存する実態と比べればはるかに進んでいる。スンミョン女子大学には、筆者が勤める（公財）日本国際交流センターの事業の一環として、日本に在住するフィリピン、ネパール、ミャンマー、ベトナム人も一緒に訪問した。彼ら全員が韓国の取組みに感心するとともに、なぜ日本にこうした仕組みがないのかと筆者に尋ねた。ゆくゆくは日本もそうなるだろうと答えたがその日が早く来ることを望むばかりである。

外国人の子どもの不就学ゼロ作戦

日本語教育そのものも大切であるが、おそらくそれ以上に重要なのは日本国内での外国人の子どもたちへの教育である。しかし、憲法や教育基本法で課している義務教育の対象は国民となっており、外国人は含まれていない。では外国人の子どもの教育の現状はどうなのだろうか？

日本が批准している「児童の権利に関する条約」の第28条では「締約国は、教育についての児童の権利を認めるものとし、この権利を漸進的にかつ機会の平等を基礎として達成するため、特に、初等教育を義務的なものとし、すべての者に対して無償のものとする」という規定がある。そこで現在、日本では外国人の子どもへの教育は義務教育ではないものの、政府は「公立の義務教育諸学校へ就学を希望する場合には、日本人児童生徒と同様に無償で受入れ、教科書の無償配付及び就学援助を含め、日本人と同一の教育を受ける機会を保障」（文部科学省中等教育局国際教育課）するという立場をとっている。

小中学校については日本人と同等の教育を受ける権利があるとされるが、義務教育でないために、不就学であったり、あるいは入学後、ドロップアウトしても、就学を要請されないこともある。インターナショナル・スクールに入れる親もいるだろうが、その一方で、不就学のまま育つケースもある。

不就学児童の実態に気づいたのは自治体である。日系ブラジル人の多い群馬県大泉町では2001年に町内の外国人就学年齢の子ども620人のうち16人が不就学であることを調査した。その後、いくつかの自治体で同様の調査が行われたのを受けて、文科省は2005年から不就学の状況に対する調査を12の自治体で実施した。その結果9889人の学齢にある外国人のうち112人が不就学であることがわかった。

2009年からは各地域で不就学の児童生徒を受入れて学ぶ場を提供するNPOなどを政府が支援し、日本の学校あるいはインターナショナル・スクールに転入させる事業「虹の架け橋教室」が行われた。その後、この事業は自治体が主体となる「定住外国人の子ども就学促進事業」へと引き継がれた（結城恵「人口減少日本を担う外国につながりを持つ子どもへの教育支援」日立財団Webマガジン『みらい』Vol. 3）。しかし、NPOでなければなしえない活動もあり、その復活を望む声は根強い。

独自の取組みをしているのが浜松市である。工業都市である浜松市は在留ブラジル人が日本で一番多いことでも知られるが、最近は国籍の多様化が進み、東南アジアからの在留者も増えている。その子どもたちが日本で必ず教育を受けられるように取り組んでいるのが「外国人の子どもの不就学ゼロ作戦」である。

浜松市は住民基本台帳により外国人の学齢期の子どもの有無など居住状況を確認する。そして学齢簿システムと突き合わせて抜けている子どもを確認する。その一方で市内にあるブラジル人学校3校の子どものリストと照合することで漏れている子どもを発見する。もし、そうした子どもが見つかれば市役所の職員が家庭を訪問し、就学状況を確認し、もし不就学の場合には就学するようにガイダンスや指導を行う。この取組みの結果、浜松市での不就学の子どもが実際にいなくなったという成果を上げている。

NPOの役割とは

では日本の学校に在学する外国人の子どもの数はどのぐらいだろうか？　文科省は「日本語指導が必要な児童生徒の受入状況等に関する調査」を2年に一度実施している。

それによれば2018年5月の調査で、日本語指導が必要な児童生徒は全国に5万759人が在学している。日本語指導が必要な外国籍の児童生徒数は4万485人で前回調査より6150人増加で17・9％増となっている。日本語指導が必要な日本国籍の児童生徒数は1万274人で前回調査より662人増加、6・9％増という結果となった。

外国籍の児童生徒のうち、日本語指導等特別な指導を受けている者の割合は79・3％で前回調査より2・4ポイント増加し、人数は3万2106人となった。日本国籍の児童生徒で特別な指導を受けている者の割合は74・4％で前回調査より0・1ポイント増加、人数は7645人となっている。

日本語指導が必要な外国籍の児童生徒を母語別に見ると、ポルトガル語を母語とする者の割合が全体の約4分の1を占め最も多く、一方、日本国籍の児童生徒の場合はフィリピノ語を使用する者の割合が約3割で最も多い結果となった。

外国人児童生徒の多い自治体に横浜市がある。横浜市では、2018年5月の時点で小中義務教育学校488校に103か国、9713人の外国にルーツを持つ児童生徒が在籍している。これは10年前との比較で1・84倍の増加となっている。

学校には国際教室と国際教室担当教員が置かれ、初期日本語と各教科等の指導を行う体制がとられているが、外国人の子どもの多い学校には、外国語補助指導員も配置されており、母語による教育指導と保護者向けの文書の翻訳なども行われている。

さらに横浜市では2017年に外国人の子どもたちの日本語支援の拠点施設として「ひまわり」を開設した。中区の旧富士見中学校の跡地に開設されたが、人口減少のなかで外国人の子どもが増加していることを象徴しているともいえる。ここでは週3日4週にわたる「プレクラス指導」が行われ、20名、3クラスが置かれており、ここで子どもたちは日本の学校に転入する準備を行う。

この施設で外国ルーツ青少年（外国にルーツを持つ日本国籍の青少年を含む）は、日本独特の制度ともいわれる子どもによる教室の掃除なども体験する。また週1回、母語話者が1時間半にわたる説明を行う「学校ガイダンス」や外国籍の新1年生に対して母語話者が説明を行う「さくら教室」などが開設されている。横浜市のようにこうした特別な施設がある自治体は例外であり、外国人の児童生徒の受入れは手探りという自治体も数多い。

日本の義務教育は履修主義であり、各学年の学ぶべき内容が十分に身についていなくとも出席日数が足りれば進級することができる。その結果、外国ルーツ青少年は小学校低学年レベルの漢字の能力しかないまま中学校を卒業することもある。その結果、高校進学ができないか、高校に入ってもドロップアウトしてしまう率も高く、その率は平均の7倍にもなっている。

外国ルーツ青少年の学力の低さは日本特有の現象といえる。『移民と日本社会』の著者の永吉希久子氏は移民第二世代の高等教育率は、ほとんどの国でネイティブとの差が改善されており、オーストラリア、アメリカではむしろネイティブよりも成績下位層になりにくい傾向が見られるという。

筆者の勤務する日本国際交流センターでは2019年11月、休眠預金等法に基づく資金分配団体としての指定を受け、「外国ルーツ青少年未来創造事業――外国にルーツをもつ子供・若者の社会的包摂のための社会基盤作り」を新たに開始した。外国ルーツ青少年が必要とする学習支援、進路指導、就労支援等の活動を行う全国の8団体・7事業に対して、この分野としては過去最大の助成（3年間約1億8000万円）の実施を始めた。学校教育だけでは落ちこぼれる外国ルーツ青少年に対して入学前の教育や居場所の提供などNPOが果たす役割は極めて重要である。この事業では教育や十分な配慮がされてこなかった外国ルーツ青少年への教育とともに、進学指導、就業支援などがＮＰＯによって実施される。

なぜ学校だけではなくＮＰＯが重要なのだろうか。それはＮＰＯでなければできない役割があるからだ。ＮＰＯは日本語の補習を行うだけではなく、外国ルーツ青少年が心を休める「居場所」の役割をも果たしている。

彼らは言葉の不自由な日本の学校で常にストレスにさらされている。日本の子どもたちは悪気なく肌や髪の毛の色の違い、言葉遣いをからかい、また日本人の子どもに対して起こるような陰湿ないじめも時には発生する。成長期にそうした経験をする外国ルーツ青少年にとって、心が安まるのは同国出身の子どもたちと過ごす時間であり、また同国人でなくとも自分と同様に異文化のなかで格闘している外国出身の青少年との交流である。

同じ悩みを打ち明けあい、そして日本の学校では作るのが難しい友人をそこで作ることができる。外国ルーツ青少年は自己肯定感が低いケースが多い、と彼らにかかわるＮＰＯの人々は話す。慣れない日本での生活、中学校卒業までに覚えなければならない２１３６の漢字との格闘、時に貧困問題を抱え複雑な家族関係など、自信を失う要素は数多くある。そうした彼ら一人ひとりに寄り添う役割をＮＰＯは果たしている。

生徒が増え続けるネパール人学校

ネパールの子どもたちが学ぶエベレスト・インターナショナル・スクール

日本に在留する外国人にとって日本の学校に子どもを通わせる以外の選択肢もある。韓国人や中国人の子どもたちが通う学校は以前からあるが、近年急増した他のアジア人も日本の学校以外のオプションを考え始めている。

そうした一例としてあるのが、ネパール人学校「エベレスト・インターナショナル・スクール」である。この学校は日本でビジネスを成功させたネパール人らが集まり、日本、ネパール両国政府からの支援を一切受けずに自力で開校した。

2013年に13名の生徒とともに東京の阿佐ヶ谷で開校したが、その後、生徒の増加に伴い、2018年に荻窪に移転した。2020年6月現在、270名の子どもが通学している。学校は幼稚園から高校1年生までが在学し、子どもたちの成長とともに今後、高校3年生まで生徒を受入れることを想定している。

学校のカリキュラムはネパールの学校に準拠しており、ネパール政府から正式な学校との認可を受けている。ネパール本国では、ネパール語以外に英語ですべての科目の授業を行う学校が増えており、英語での授業も正規の教育と認められている。そのため、エベレスト・インターナショナル・スクールでは、英語で授業を行っており、それ以外に毎日45分ずつネパール語の授業と週3日、日本語の授業がある。小学校の低学年も月曜から金曜まで朝10時から午後4時まで授業が組まれており、学ぶレベルは日本の学校と同等あるいはそれ以上のレベルとなっている。

ビルを改造して開設したエベレスト・インターナショナル・スクールでは、地下に体育館はあるものの校庭がなく、また科学の実験などを行う施設が学校内にない。それでも子どもたちはサッカーやダンス、空手などを専門の教員から学んでいる。

西欧人向けの一般のインターナショナル・スクールの学費が高価なことに比べて、英語によって全日制で教えながら、毎月4万円（幼稚園は4万5０００円）と割安なこともあり、ネパール人以外に日本人、アメリカ人、パキスタン人らネパール人以外の少数の子どもたちも通っている。

ネパールでは正規の学校と認められているエベレスト・インターナショナル・スクールだが、日本では正規の学校ではないため、塾扱いとなり、生徒は通学に学割を使えないという問題がある。幼稚園については認可外保育園の扱いで杉並区から一定の助成がある。また２０１９年

10月に政府が導入した「幼児教育・保育無償化」制度の対象となっており、杉並区のみならず、その他の市区町村からも保護者に補助金が交付されるようになったのは朗報といえるだろう。

この学校に通わせるネパール人の親は飲食店の経営者やそこで働く人、また一般の会社で働く人などさまざまだが、子どもの教育を考えてこの学校を選ぶという。

エベレスト・インターナショナル・スクールは英語での授業を行っているため、ネパール、日本に縛られず世界で活躍できる人材になることができる。日本の学校に入れるとネパール語を忘れてしまって親子の間でのコミュニケーションが次第に難しくなってしまうという問題も解消できる。またネパールに帰国した際に子どもがスムーズに学校に溶け込めるという利点もある。

では子どもたちは将来、どのように進学するのだろうか？　理事長のシュレスタ・ブパール・マン氏によれば、アメリカやオーストラリアなどの大学に行くケース、日本の大学に留学生として進学するケース、母国に帰るケースなどが考えられるという。日本語を学んではいるものの、日本人と同様の試験を受ける大学進学は難しいが、英語で授業を行う大学も増えていることもあり、日本での進学の幅も広がっているという。

在留外国人の増加とともに、外国人コミュニティの活動も活発化している。日本に来たばかりの外国人にとって、最も頼りになるのは日本政府や自治体ではなく、自国出身者のコミュニティである。その健全な発展は今後の日本にとって極めて重要であるが、日本人は国内にどのようなコミュニティがあるのかを知らないし、関心も持たない。しかし、われわれはその存在にもっと目を向け、それを支援していく必要があるだろう。

日本社会に巣立つ外国ルーツ青少年

群馬県や静岡県など日系ブラジル人の多い地域にはブラジル人学校が設立されている。しかし、コロナショックによって生活苦からブラジル人学校からの退学や、さらには一部のブラジル人学校そのものの廃校も懸念される深刻な状態となっている。しかしそれでも、彼らの多くは日本に留まり、苦難を乗り越えながら日本での生活を続けていくだろう。

コロナショック以前から外国ルーツ青少年は日本社会のなかで十分な認識と支援を得ていなかった。彼らが日本で就職しようと企業の門を叩いたとき、日本人でも留学生でもない彼らは採用対象ではないと断られたこともあったという。そうした彼らの歌声を聞く機会があった。2015年12月浜松市で開かれた外国人集住都市会議である。筆者がパネルディスカッションのコーディネーターとして参加したこの会議で、地元のブラジル人学校に通う中高校生がパフォーマンスを行ってくれた。最初、彼らはおそろいの衣装で和太鼓の演奏を行った。次に歌ったのがゆずの「栄光の架橋」だった。NHKのアテネオリンピック中継の公式テーマソングとなった曲だ。

外国人集住都市会議で「栄光の架橋」を歌うブラジル人生徒（筆者撮影）

誰にも見せない泪があった
人知れず流した泪があった
決して平らかな道ではなかった
けれど確かに歩んできた道だ
あの時想い描いた夢の途中に今も
何度も何度もあきらめかけた夢の途中……

先生が選んだのだろうか、あるいは生徒たち自身が選んだのだろうか。

日本のなかで彼らの存在は十分に認識されておらず、また彼らの可能性についても理解されているとはいいがたい。自らの選択ではなく日本で育つことになったブラジルの子どもたちは、自分たちの日本での未来は決して平坦なものではないことをすでに十分にわかっているかのようだ。彼ら自身に言い聞かせるように聞こえるその歌声を聞くと、熱いものがこみ上げてきた。日本でどのような厳しい未来が待ち受けようとも、それを乗り越えていこうという強い意志がこもった歌声が会場に響いた。

彼らは本来、日本の将来に未知の可能性をもたらしてくれる存在である。アメリカのIT産業の創設者はヤフー、グーグル、アップル、アマゾン、いずれも移民二世である。持って生まれた異文化の背景とともに、自らの道を切り開いて進む移民二世を力強く支援することで、将来の日本を背負う人材が生まれるだろう。

日本に定住してくれる海外の若者とともに、われわれはコロナ後の日本の再生に取り組む必要がある。彼らに自己の能力を最大限に発揮できる環境を作り出すことで、結果として日本に最大限の貢献をもたらしてくれるだろう。

２０１７年末の時点で在留外国人の年齢層は、20、30代を合わせると50％を超えるほど若々しい。多様性を生まれながらに身につけた彼らに注目し、彼らに日本人と同等の教育を行い、その能力を発揮する機会を与えるべきだ。コロナショックのあと苦難の道を歩む日本にとって、彼らの存在は明るい希望を抱かせるものであり、日本に定住を決意してくれた人々とともに、日本人は一歩ずつ、未来を切り開いていかなければならない。

第3章

新たな政策への方向転換

ねじれを伴った方向転換

コロナショックの発生する1年前、政府が実質的な移民受入れにつながる可能性を持つ方向転換、出入国管理法の改正を行った。本章ではそのプロセスを筆者の体験もあわせて詳しく見てみよう。

日本は長らく高齢化と人口減少に苦しみながら、ようやく人手不足の深刻化という事態に直面して外国人の本格的な受入れに着手することになった。そのプロセスはドタバタ劇ともいえるものだが、さまざまな不協和音を引き起こしながら大きな政策転換が行われた。その結果、「ねじれ」を伴ったままの移民政策の船出となった。

人手不足と終わりのない人口減少が続くなかで、最終手段として政府が決断したのが就労目的の外国人労働者の受入れである。政府はこれまで「女性活躍」「一億総活躍」などのスローガンを掲げて労働力の確保に取り組んできた。一定の成果を上げたものの、人手不足は止まらなかった。いや、それどころか、深刻さは増すばかりだった。人口減少と高齢化の加速化の前に、これまでタブー視されてきた外国人受入れに着手せざるを得なくなった。

2018年12月の入国管理法の改正によって、いわゆる単純労働（現場労働）分野で就労を目的とする新たな在留資格「特定技能」が創設された。2019年4月には新たな制度で受入れる外国人の日本での就労が始まった。ところが、2018年末の臨時国会で出入国管理法の改正を行った政府は新方針を「移民政策とは異なる」として、移民という言葉を避けている。

2018年12月10日、国会の閉会に当たり安倍総理は、入管法の改正について以下のようにコメントしている。


今回の制度は移民政策ではないかという懸念について、私はいわゆる移民政策ではないと申し上げてきました。受け入れる人数には明確に上限を設けます。そして、期間を限定します。皆様が心配されているような、いわゆる移民政策ではありません。（傍線は筆者）

ここでは総理は明らかに、移民政策は国民の心配を呼び起こすものであり、反対意見が強いと認識していることがわかる。しかし、同時に以下のような発言もしている。「全国的な人手不足の中、優秀な外国人材の皆さんにもっと日本で活躍していただくためにこの制度は必要であります。直ちに、しっかりとした運用体制を構築してまいります」

実際、政府が2018年12月25日に発表した「外国人材の受入れ・共生のための総合的対応策」では、日本に住む外国人に対して「生活者」として全力で支援をすることを表明した。移民政策ではないが、日本に住む外国人を生活者として全力で支援するというのである。この矛盾した発言の背景には何があるのだろうか？

菅義偉官房長官の決断

外国人労働者受入れの決断をしたのは菅義偉官房長官といわれている。菅官房長官は2018年8月23日の西日本新聞との単独インタビューのなかでこのように述べている。「外国人材の働きなくして日本経済は回らないところまで来ている。高齢者施設をつくった私の知人も、施設で働く介護人材が集まらないといっていた」。菅官房長官はこうした声を2017年の秋には聞いており、外国人労働者受入れの決断をしたと思われる。

なぜ菅官房長官は全国紙ではなく、福岡に本社を置く一地方紙である西日本新聞の単独インタビューに応じたのだろうか？

西日本新聞は2016年末から2017年にかけて「新 移民時代」というキャンペーン報道を開始した。そのなかで、福岡に急増していた働く留学生の実態を明らかにし、そして彼らの母国であるネパールにも記者を派遣し、労働目的でネパールの若者が日本に送り込まれる実態について丹念に取材を行った。

外国人がいなくては回らない福岡の地域経済の実情、そして送り出し国を巻き込んで不法な就労ルートが形成されつつある現実を明らかにした力の入った取材だった。その内容は、2017年11月、明石書店から『新移民時代——外国人労働者と共に生きる社会へ』として出版され、話題を呼び、2017年度の石橋湛山記念早稲田ジャーナリズム大賞を受賞した。

菅義偉官房長官はこの本を読んだのである。そして、2018年5月には西日本新聞の担当記者らを招いて詳しく話を聞いている。関係者によると官房長官は、記者から「外国人庁」の創設や地方自治体の相談窓口整備、日本語教育の充実、留学生に就職や永住の道を開く新たな在留資格の創設、技能実習制度を抜本的に改めて転職の自由や家族帯同を認めることなどの提言を受けている。菅官房長官自身も、西日本政経懇話会での講演で「『新 移民時代』に書いてあることは私の考えと同じで、日本も法律を作らないといけないとの思いを強くし、法案を取りまとめた」と発言している。

では、政府としての正式な動きはいつから始まったのだろうか？ 2018年2月20日に大きな変化となる経済再生諮問会議の総理指示が出されている。

現在の深刻な人手不足の状況に対応するため、専門的・技術的な分野における外国人受入れの制度の在り方について、在留期間上の上限を設定し、家族の帯同は認めないといった前提条件の下、真に必要な分野に着目しつつ、制度改正の具体的な検討を進め、今年の夏に方向性を示すため、官房長官及び法務大臣に対して、各分野を所管する関係省庁の協力を得て、早急に検討を進める。（経済産業省HP「『製造業における外国人材受入れに向けた説明会』を開催します」参考資料「経済財政諮問会議における総理指示」（平成30年2月20日））

そこでこの指示を受けて「専門的・技術的分野における外国人材の受入れに関するタスクフォース」が組織され、法務省出入国管理局長ら関係府省局長をメンバーとし、内閣官房副長官補（内政担当）を議長とする組織が作られた。またその下の審議官クラスによる幹事会も発足した。幹事会は月に2、3回というハイペースで開かれ、介護、農業、建設、造船など分野ごとの状況把握と受入れの要件についての議論がなされた。

自民党内に移民反対はない？

政府の経済財政諮問会議と並行する部会が自民党内にある。「経済構造改革に関する特命委員会」がそうである。政府の経済再生諮問会議が表とすればこちらは裏となるが、自民党内での政策議論は政府の方針決定に先行するもので、政府をリードする役割を果たすという。この委員会事務局の平将明衆議院議員の依頼で筆者は出席の機会を得た。

２０１８年2月6日、自民党内で「経済構造改革に関する特命委員会」の「人手不足の実態と対応策について」と題する会議が開かれた。自民党本部の7階の広めの会議室で、国会議員20数名、政府各省庁30名、自民党職員や議員秘書30名ほどが集まった。

この会議に、東京のモノづくりの中小企業７０００社を束ねる東京工業団体連合会の舟久保利明会長とともに筆者は招かれた。舟久保氏とは以前から面識があり、外国人受入れの必要性について筆者との意見は一致していた。舟久保氏の持論は「日本のモノづくりは危機にある。その理由は熟練工の不足」というものだった。

舟久保氏は「日本人の熟練工は高齢化し、退職していく。終わりのない少子化のなかで日本人の若者は町工場に関心を示さない。では外国人はというと、技能実習生は最長5年で全員帰国する。これでは日本のモノづくりはやがて途絶えてしまう。必要なのは優秀な外国人が定住できる制度であり、それができれば、我々企業は、彼らをベテラン技術者として中堅や、さらには事業の継承者として育てたい」と発言した。

筆者は舟久保氏の発言を受けて、人口減少の実態と外国人急増の背景、そして技能実習制度の問題点を指摘し、技能実習に替わる定住を前提とした外国人受入れの必要性を主張した。2人とも、政府が否定してきた「移民」の受入れを正面から主張したことになる。

「人手不足の実態と対応策について」というテーマで集まった自民党の議員、そしてオブザーバーとして出席した数十名の官僚。彼らの間に緊張感が走ったのを筆者は感じた。2人の発表はそれぞれ15分。残り30分で8名の国会議員が質問し、それに対して筆者らはコメントを述べた。

質疑応答では、議員の口から出たのは地域社会の人口減少の厳しさだった。ざっくりいえば、議員の7割がたが外国人受入れの必要性を認め、あと3割は迷っているという印象を持った。議論の大勢としては新制度の検討が必要ということで間違いなく、外国人の受入れについて真っ向から反対する意見は出ないまま、この会議は終了した。

2月13日、かつて総理補佐官を務め、その後文部科学大臣に就任した柴山昌彦衆議院議員が国会で総理に対して、外国人労働者の受入れについて質問をしている。総理の答弁は、自民党内で検討というものだった。そして2月20日の第二回経済財政諮問会議での総理の指示につながる。

筆者は4月13日に再度、自民党に招かれた。木村義雄参議院議員が委員長を務める外国人労働者等特別委員会に招かれたのである。このときは「諸外国の外国人労働者政策」をテーマにした話を依頼され韓国とドイツの政策について話した。両国が在留する外国人にいかに言語学習を徹底し国の活力に結びつける政策をとっているかについて話すとともに、人口の減少する日本として同様の政策を立案する必要性を訴えた。その後、自民党内の二つの派閥、岸田文雄議員が率いる「宏池会」と石破茂議員が率いる「水月会」に招かれ持論を述べ意見交換を行った。

一方、野党では2018年1月19日、いち早く当時の希望の党に招かれ、玉木雄一郎代表他の前で移民政策導入の必要性を訴えた。また政府での議論が始まると、国民民主党、日本維新の会、立憲民主党にも招かれて国会議員と議論を重ねた。

人口減少の未来とすでに起こっている在留外国人の急増状況について話をすると、移民という言葉を使うかどうかについては意見が分かれるものの、外国人受入れなしには日本の持続性が保てないという主張に対して、筆者の予想に反して正面切って反論する人は驚くべきことに全くいなかった。むしろ、国民のなかにある「移民」への反発をどう克服するのか、受入れのコストはどれぐらいかかるのかといった議論が中心だった。いずれも筆者の主張は一貫して、人口減少が避けられない以上、定住を視野に外国人の受入れを検討すべきであり、外国人にとって日本が選ばれる国になる必要があるというものだった。

国会議員への筆者の主張がどのように影響を与えたのかは不確かだが、政府は2018年6月の「経済財政運営と改革の基本方針（骨太の方針）」では「新たな外国人材の受け入れ」を打ち出した。歴史的な転換の原点となったその方針はどのようなものなのか？　この方針では以下のように記述されている。

> 中小・小規模事業者をはじめとした人手不足は深刻化しており、我が国の経済・社会基盤の持続可能性を阻害する可能性が出てきている。このため、設備投資、技術革新、働き方改革などによる生産性向上や国内人材の確保を引き続き強力に推進するとともに、従来の専門的・技術的分野における外国人材に限定せず、一定の専門性・技能を有し即戦力となる外国人材を幅広く受け入れていく仕組みを構築する必要がある。
>
> このため、真に必要な分野に着目し、移民政策とは異なるものとして、外国人材の受け入れを拡大するため、新たな在留資格を創設する。また、外国人留学生の国内での就

職を更に円滑化するなど、従来の専門的・技術的分野における外国人材受け入れの取組を更に進めるほか、外国人が円滑に共生できるような社会の実現に向けて取り組む。
（傍線は筆者）

この方針は「移民政策とは異なるもの」との但し書きはあるものの、「一定の専門性・技能を有し即戦力となる外国人材を幅広く受け入れていく仕組みを構築する必要」として、「新たな在留資格を創設」に初めて言及した。そして、「外国人が円滑に共生できるような社会の実現に向けて取り組む」とあるのは、実質的には外国人の定住を容認するものであり、日本にとって極めて大きな歴史的な方針転換の表明といえよう。

与野党の激突

その後、この基本方針に基づき、11月2日に入管法の改正についての閣議決定が行われ、同日、国会に提出された。国会では野党から現行の技能実習制度の下でのさまざまな問題の実例が掘り起こされて非難が続いた。またそうした問題を引きずりながらの改定の詳細の決まらないことに対して野党は「生煮え」と大ブーイングを浴びせた。

しかし、野党は廃案に追い込もうと政府の案について正面から議論を挑もうとしないまま、

12月8日「改正出入国管理及び難民認定法」が参院本会議で可決、成立した。立憲民主党では対案が内部で用意されてはいたが、政争化した議論のなかで、その対案が正面から取り上げられることはなかった。筆者は11月16日、立憲民主党に呼ばれて「外国人労働者受け入れ制度のあるべき姿と入管法改正案について」をテーマに話をしたが、すでに与野党対立の構造ができ上がっており、政策議論を行う雰囲気はほぼない印象を持った。

入管法の改正により、従来、認められなかったいわゆる単純労働（現場労働）分野で就労を目的とする新たな在留資格とともに、新在留資格の取得者のなかで試験をすることにより家族の帯同や定住も認められるようになった。

これまで、就労を目的とする外国人のための在留資格は四年制大学卒業者を対象とする技術・人文知識・国際業務が中心だった。現場労働（単純労働）についての在留資格は存在しなかった。しかし、その結果、本来、国際貢献を目的とする技能実習制度による実習生は増加し、違法を含むデカセギ留学生も急増していたのである。

国会での法案成立を受けて政府は12月25日に改正入管法に基づく外国人労働者の受入れ拡大に向けて、制度の運用について示した基本方針と業種ごとの分野別運用方針を閣議決定した。さらに在留外国人に対して政府が責任を持って対処することの表明ともいえる「外国人材の受入れ・共生のための総合的対応策」を関係閣僚会議で了承した。

国会では与野党激突の様相を呈しながらも、短期間にバタバタと法案が可決、成立した。しかし、法案の内容を見ると、2018年6月の「経済財政運営と改革の基本方針（骨太の方針）」がほぼ踏襲されており、6月の時点で方向転換の決断がすでに下されていたといえるだろう。

なぜ移民政策ではないのか?

移民政策でないという発言は、従来、安倍総理が繰り返してきたことである。これは自民党右派を視野に入れた発言であると同時に国民の間に移民に対するアレルギーが根強く残っていることへの配慮だろう。

自民党内では保守派の一部の議員が今回の制度改正は「移民政策」だと反発し、党内での意思統一に自民党は苦労したものの、「移民政策ではない」というタテマエによって政策変更の合意が成し遂げられた。また国民の間で残る治安の悪化という懸念もその背景にあった。

一方、優秀な外国人材には日本で活躍してもらいたいという発言は日本の現状と将来を考えればそれ以外に道はないことは明らかであり、そうした合理的な判断に基づく発言といえる。2020年代以降、人口減少はさらに加速することを国立社会保障人口問題研究所は想定している。その事実を総理が知らないはずがない。

一見、相矛盾する二つの発言はまさに時代の節目、これまでタブー視されてきた外国人受入れについての新たな認識を産み出すための産みの苦しみから生まれたものと理解すべきである。

では野党側はどうか？　臨時国会の開催中の議論のなかで興味深かったのは野党の対応である。立憲民主党をはじめ野党は、外国人の受入れには反対せず、むしろしっかりした受入れ体制が十分に整っていないことを問題視した。技能実習制度下でのさまざまな外国人労働者に対する人権侵害や労働法の違反を続けざまに取り上げ、技能実習生の問題が解決するまでは新制度についての議論は行うべきではないという態度をとった。

政府は国民の反発があるかもしれないと「移民」という言葉を避けて恐る恐る国会に法案を提案したところが、野党からは逆にしっかり受入れ体制を整えよとの反応で、肩透かしを食らったということかもしれない。ただ野党側も政府の改正案を廃案にしたいという政治的な意図が見え隠れし、実は対案を持ちながらがっぷり四つの議論をしようとしなかった。

12月8月未明に入管法改正案は参議院法務委員会で自民党、公明党、日本維新の会の賛成多数で可決され、その後、参議院本会議で成立した。法務委員会では、分野別運用方針に明記する受入れ人数を上限として運用することなどを求める10項目の付帯決議も採択された。また与党と維新は衆議院での採択に先立ち、法施行後の2年後に見直しを行うことを決定した。野党の反対は在留管理体制が不十分で技能実習制度で起こったような問題の再発防止が不十分であるとの意見や与党の強引な国会運営への反発が強かったことによるといえるだろう。

野党が技能実習制度で起こった数々の事例を掘り起こし、技能実習制度の問題を国民の目にさらしたことの意義は大きい。しかし、新制度のあり方について、廃案に追い込むことを方針としたため、中身についての議論が極めて不十分となってしまい、結果として、政府の提案について中身のある十分な審議なしに法案が通ってしまったのは悔やまれる。

この章の冒頭に「ねじれ」を伴った移民政策の船出と記した。「ねじれ」とは、移民という言葉に対するアレルギーのために、外国人受入れは「人手不足のため」として打ち出され、人口減少への対応を真正面から取り上げなかったことである。それによって新しい在留資格「特定技能」は少なくとも滑り出しは魅力のある制度と捉えられず技能実習制度とそれほど変わらない就労資格となってしまった。これでは筆者の主張する「選ばれる国」になるには程遠い政策といえるだろう。

「移民政策でない」は消えるか

政府が移民政策と異なるとする最大の要因は国民感情に配慮したものだろう。「外国人が増えれば治安が悪くなる、移民は犯罪者予備軍だ」という国民の間に広がったイメージである。しかし、ここ数年で国民の意識は大きく変化している。2018年9月に時事通信が実施した世論調査では、新たな在留資格を創設する政府の方針について、賛成は60・8%、反対は25・4%という結果になった。さらに、在留期間中に高い専門性があると認めた外国人の在留期間の上限を撤廃し、家族を呼び寄せられるようにすることに対しては、賛成79・6％、反対13・8％となった（外国人受け入れ拡大、賛成6割＝新元号の事前公表容認多数――時事世論調査、JIJI.COM、2018年9月27日）。

日経新聞とテレビ東京による2018年10月の世論調査では、外国人労働者の受入れ拡大について賛成が54％とここでも半数を上回った。外国人労働者の永住に関しても賛成が54％と反対の34％を上回る結果となった。受入れ拡大、永住容認とも年齢が若いほど賛成が多く、高年齢ほど否定的という結果となったのが興味深い。

さらに興味深いのは2019年に実施された読売新聞の全国アンケートの結果である。2019年3月12日～4月18日に郵送方式で実施され、5月5日に新聞の1面に「外国人材拡大『賛成』57％」として紹介された。読売新聞社から入手した調査の結果を抜粋して見てみよう。

■身の回りに外国人が「多くなつた」74％

身の回りに外国人が多くなったと「感じている」と答えた人は74％に上り、「感じていない」の19％を大きく上回った。地域別に見ると、「ある」が最も高いのは関東で60％、最も低いのは北海道・東北で31％と大きな差が見られた。普段の生活で外国人と接する機会が「ある」と答えた人に、どのような外国人と接しているかを複数回答で聞くと、「コンビニや飲食店で働く人」63％が最も多く、「観光客」40％、「自分の職場の同僚」19％、「近所の住人」17％などが続いた。

■日本で暮らす外国人増加「良いことだと思う」71％

日本で暮らす外国人が増えていることを良いことだと思う人は、「どちらかといえば」を含めて71％に達した。悪いことだと思う人は27％。年代別では、高齢層で悪いことだと思う人の割合が高く、70歳以上では35％だった。

外国人と接する際に壁になっていると感じることを5つの選択肢から複数回答で挙げてもらうと、「言葉が通じない」が69％で最も多く、「文化や宗教、価値観が異なる」49％、「生活習慣が異なる」45％などの順となった。

■外国人と一緒に働くことに「抵抗を感じない」57％「感じる」41％

「外国人と一緒に働くこと」に抵抗を「感じない」とした人は57％で、「感じる」の41％を上回った。年代別では、18〜29歳で「感じない」が71％に上り、年齢が若いほど高くなる傾向が見られた。

■外国人労働者の受入れ拡大「賛成」57％「反対」40％

外国人労働者の受入れ拡大に「関心がある」は、「どちらかといえば」を含めて74％に上った。外国人労働者の受入れ拡大に「賛成」と答えた人は57％で、「反対」の40％を上回った。

年代別では、年齢が若いほど「賛成」の割合が高くなる傾向が見られ、18～29歳では75％に上った。60歳代以下の年代はいずれも「賛成」が半数を超えたが、70歳以上では「反対」52％が「賛成」45％を上回った。地域別に見ると、「賛成」は九州が64％で最も高く、関東60％、近畿59％、中部54％、中国・四国52％、北海道・東北49％の順で、地域による濃淡が見られた。

■将来的な移民の受入れ「賛成」51％「反対」43％

将来、外国人が定住を前提に日本に移り住む「移民」を受入れることについては、「賛成」が51％、「反対」が43％と意見が分かれた。年代別では、年齢が若いほど賛成の割合が高い傾向が見られ、18～29歳は「賛成」74％が「反対」24％を大きく上回った。これに対し、70歳以上では、「賛成」38％、「反対」51％と賛否が逆転した。

■自治体の受入れ態勢「整っていない」76％

住んでいる自治体で、外国人労働者が働いたり、暮らしたりするための受入れ態勢が整っていると思うか聞くと、「整っていない」が76％に上り、「整っている」の18％を大きく上回った。地域別に見ると、「整っていない」が最も高いのは北海道・東北で83％、最も低いのは九州で68％だった。

この結果についての筆者のコメントは「優秀な人材　定着策示せ」として以下の内容で掲載された。長くなるが引用したい。

草の根の国際交流に携わって30年以上になるが、人口減少に苦しむ地方では、外国人を呼び込んで、地域に定着して活躍してもらいたいという意識を持つ自治体が増えてきた。ここ1、2年で意識の大転換が起きている。今回調査で、日本に住む外国人の増加を肯定的に捉える人が7割を超えた背景にも、人口減少への危機感がある。

今の日本は、外国人の働き手がいなければ、仕事が回らない状態になっている。外国人による介護に抵抗を感じる人が6割近くに上ったのは、日本人職員の方が安心できるという意識だろうが、もはやそういうことを言える余裕はなくなってきているのが現状だ。

「特定技能1号」資格の外国人労働者を、滞在上限の5年間が終わったら全部入れ替える、使い捨てのようなやり方では、優秀な人材は集まってこない。優秀な人には定着してもらい、日本の産業を一緒に担ってもらう形にすべきだ。

調査では、外国人労働者の受け入れ拡大に伴うマイナス面として、治安の悪化を挙げる人が多かった。しかし、警察庁の統計を見ると、外国人犯罪は2005年をピークに、現在は大きく減少している。殊更に外国人犯罪のリスクを強調するのはおかしい。

日本の経済や社会を維持していくために、どのように優秀な外国人材を受け入れ、共生関係を構築していくのか。国のトップリーダーがしっかりした方向性を示し、国内外にメッセージを発信していくことが重要だ。

次章では政府の新政策の中身について詳しく検討してみよう。

第4章

特定技能を巡る課題

移民政策なければ移民問題が起こる

2018年末、政府が新しい外国人受入れ政策に踏み出さざるを得なかったのは、人手不足のためと説明されている。

しかし、その背景には終わりのない人口減少があることはすでに述べた通りである。コロナショックで人手不足が一時的に緩和されたとしても、GDPの7割を占める内需を支える国内消費は日本の人口に依存する。短期を前提とした出稼ぎ目的の外国人労働者の受入れでは国内消費の減少は避けられないことは自明だろう。

さらに日本として本格的な外国人受入れ政策（移民政策）に取り組まざるを得ないもう一つの事実がある。それはすでに実質的な移民が急増しているという事実である。移民政策をとるかとらないかにかかわらず、人手不足、人口減少が続く限り、実質的な移民が増加するという現実を見落としてはいけない。しかも、受入れ制度がない状態では、違法もしくは違法スレスレのきわどい在留外国人が働き手不足を補うために増加する。これでは、日本の将来に大きな禍根を残しかねない。

つまり、人口減少下においては政府が外国人受入れ基準を設けて、必要な人材の定着を図る等の移民政策をとらない限り、無秩序な定住化が進んでいく。別の言い方をすれば「移民政策がなければ移民問題が起こる」のである。

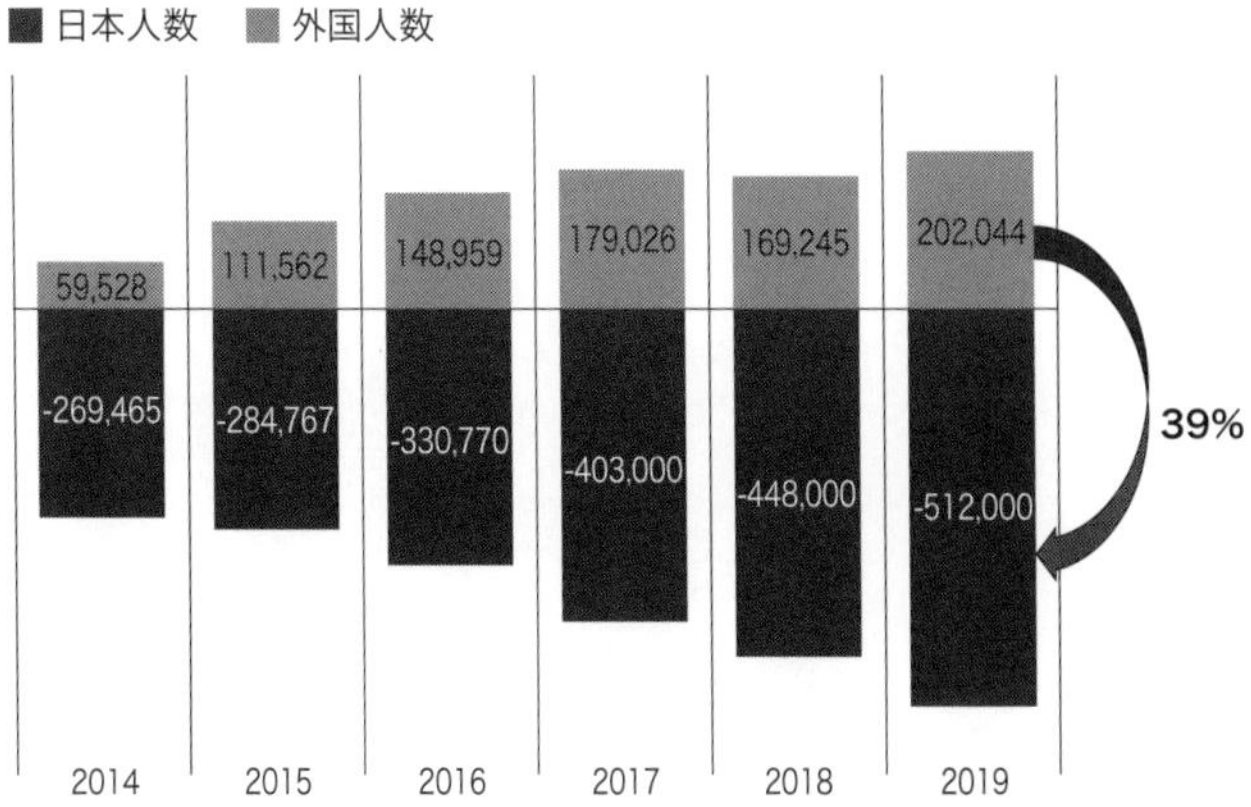

図４　日本人と外国人人口の増減
出典：厚生労働省「人口動態統計」の年間推計、法務省在留外国人数による

現実に人手不足に伴って外国人労働者が増加している。２０１９年10月時点で外国人を雇用する事業所の数は24万２６０８と過去最大となり、また外国人労働者の数も１６５万８８０４人で、７年連続で過去最高となった。コロナショックで急ブレーキはかかるものの、これだけの人数を日本の企業が必要としていたということである。

急増しているのは外国人労働者ばかりではない。日本に在留する外国人の数自体も急増している。２０１９年末にはその数は２９３万３１３７人で過去最高となった。２０１９年の１年間では20万２０４４人の激増である。また２０１６年には47都道府県すべてにおいて外国人が増加するという一種、異常事態となった。

日本人が減少する一方で外国人の増加が続くという状況が継続しており、図４を見ると、日本の人口減少の3分の1以上を外国人の増加が補うかのような状況となっている。日本人の人口減少が一直線に進み、それを補うために外国人が入ってくる。あたかも人口の自動調節弁が働いたかのようだ。

しかし、日本は移民政策をとっていないはずなのに、なぜこうも日本に住む外国人が増加したのだろうか?

日本の外国人労働者受入れ政策の特徴の一つは、大卒のホワイトカラーの外国人は数に制限なく大らかに受入れていることだ。そして、人手不足が深刻化するブルーカラーの分野では、他国では見られない、留学生を労働力として利用すること、そして国際貢献をタテマエとする技能実習生に依存してきたのである。

デカセギ留学生の実態

日本の大学に在学する留学生は四年制大学を卒業し、専攻に沿った職業さえ見つかれば「技術・人文知識・国際業務」という在留資格が取得できる。日本で働き続けて10年たてば永住権の取得も可能になる。さらに2019年5月には、日本での大学卒業者が日本語を用いた幅広い業務に従事することを希望する場合は、大学での専攻にかかわらず、日本語能力試験N1を取得している場合、在留資格「特定活動46号」による在留が認められるようになった。以上のように、外国人の大卒者に対して日本は大きく門戸を開いている。

その逆に扉が閉ざされているのが大卒者ではない現場で働く労働者である。例えばサービス業、農林水産業、製造業、流通販売業、運輸などの現場では外国人の雇用そのものが認められていなかった。

ではコンビニで見かける若い外国人はどのような立場で働いているのだろうか？　彼らの多くは留学生である。大学、専門学校、日本語学校などさまざまな学校に在学する留学生は週28時間という決められた制約のなかで働くことが認められているが、この制度が悪用されるケースが多発している。つまり、仕事をすることを目的として留学生の在留資格で来日し、週28時間をはるかに超えて働く「デカセギ留学生」が急増していたのである。

日本語学校は本来、すでに日本で暮らしている外国人、あるいは大学への進学や数か月の勉強のために海外から来た学生が日本語を勉強するための教育機関だった。しかし、日本では学生の在留資格を得られれば、資格外活動として週28時間以内であれば働くことができる。留学生のほとんどが日本より貧しいアジアから来ていることもあり、日本は働きながら学べる国であることが評判となった。そして次第に日本で働くことを目的として留学生ビザを取得する流れが定着するまでになった。

しかし考えてほしい。週28時間の労働ではとても日本で暮らせないはずだ。時給1000円とすれば週2万8000円。ひと月で11万円ほどにしかならない。それで日本で学費を払って生活を営むことはとてもおぼつかないだろう。そこで一か所のアルバイトでは28時間以内に収めながら複数のアルバイトを掛け持ちする違法留学生が増加することになってしまった。

そうした違法行為を行う留学生は日本語学校か専門学校に通う学生が大半で、四年制の大学に通う学生は少ないといわれる。働きながら学ぶ苦学生がいてもよいのではないか、という意見もあるだろう。しかし、週28時間を超えて働く学生の多くは勉強が疎かになりがちで、勉強よりも、働くほうに熱心になる。仮に日本語学校や専門学校を卒業したとしても、極めて低い学力しか身についていないことも多い。となると、能力や実力が不十分のまま学校を卒業しても雇ってもらえる企業はなく、また将来につながる仕事には就けない。本人にとって好都合なはずのアルバイトの掛け持ちが実は自分自身の将来の可能性を潰す結果となるのである。

さらに問題なのは、途上国において、日本では学生の資格で働けるとの広告が大々的に行われ、それの受け皿となる日本語学校や専門学校が全国で作られているということである。日本に来るために留学生は技能実習制度と同様に１００万円近いお金をブローカーに渡して来日し、週28時間以上働く違法行為を行う。見つかって強制送還されれば、汚名と借金だけが残ることになる。日本語学校は学校法人でなくとも、株式会社でも経営できる。派遣会社が経営している例すらある。もちろんしっかりした教育を行う学校もある反面、人手不足によって、外からは判断が難しい日本語学校は玉石混交状態になってしまった。

仮に企業が違法に働く外国人を雇用すると不法就労助長罪に該当する。在留資格で認められていない就労活動をさせた場合には、入管法第73条の2第1項により、3年以下の懲役又は300万円以下の罰金という厳罰に処せられる可能性がある。また外国人を雇用していることをハローワークに届け出なかった、また虚偽の申請をした事業者も刑罰の対象となる。

留学生はあくまでも勉学が目的であり、働くことを認めていない受入れ国も多い。世界のなかで外国人労働者に依存する国はあっても、留学生に労働力を依存する国は日本だけである。

考えてみれば政府が景気をよくしようと全力を挙げた結果、人手不足が深刻化していた。日本人の若者の数は減り続けるなかで、企業は外国人に依存しなければどうやって事業を継続できるというのだろうか?

外国人を就労させる制度の不備のために、善良な企業が人手不足倒産をまぬかれるためにやむを得ず週28時間を超えて働く留学生を雇用し、罰せられるとすれば納得がいかないという意見も多いだろう。コロナショックによって分野によっては失業の発生が予見される。しかし、コロナショックが癒えたあとも人口減少が継続することを考えれば、一時しのぎの出稼ぎ外国人に依存しない中長期を見すえた外国人の受入れの構想は不可避といえる。

技能実習制度は経営者を悪人に変える?

留学生に加えて、例外的にブルーカラーの分野で外国人が働けるのが技能実習制度である。

技能実習制度とは、途上国の人々が来日して日本の進んだ産業に従事することで、技能、技術又は知識を身につけ、母国の発展に役立てるという国際協力の仕組みである。この制度によって外国人を受入れることはできるものの、あくまで途上国への国際協力が目的である。

人手不足の解消を目的としてはならないことは、技能実習法の第三条2項で「技能実習は、労働力の需給の調整の手段として行われてはならない」と謳われていることでも明らかだ。ところが、現実には人手不足に陥った企業や安い労働力を求める事業所が苦肉の策として労働力を確保するための手段として使われているケースが圧倒的に多い。

技能実習生は人手不足に呼応してその数がうなぎのぼりに増えた。2019年末には1年間で25％増の41万972人と過去最高に達している。これは日本の企業が国際協力に積極的になり始めたからだろうか？　むろんそうではなく、人手不足で外国人労働者を雇用したいというのがホンネだろう。

この制度では外国人労働者の雇用というホンネと国際協力というタテマエの乖離のために、大きなゆがみが生じている。人手不足が経常的に続くのであれば、優秀な外国人を安価な労働力として使い捨てにせず、能力アップのための研修を行いながら継続的に働いてもらうというのが真っ当な経営というものだろう。しかし、途上国への国際貢献を謳っている以上、技能実習生は日本に留まることは許されず、数年ですべて帰国しなければならない。

技能実習制度の目に見えない大きな問題は、正当な給料を払ってきた真っ当な企業が、最低賃金しか払わなくて済む技能実習制度にどっぷりつかってしまい、低賃金に依存する途上国型の企業へと劣化していくことである。技能実習生を雇い続けるといつしか低賃金に依存する体質となり、もはや日本人に通常の給料を払うのができない経営状況に陥ってしまうのだ。

これは企業がいつしかブラック化する仕組みであり、また本来、経営革新や技術のイノベーションによって企業の発展を図るべき日本の産業にとって、将来の可能性を食いつぶす産業構造の弱体化を招きかねない制度といえるのではないだろうか。零細企業にとって福音に思えた技能実習制度は、一度はまり込むと抜け出せない依存体質に陥るリスクを伴っている。

一方、労働違反や人権侵害を犯す企業から逃れた技能実習生を支援するNGOが徐々に増え始めている。

人道的立場から技能実習生の支援や外国人受入れ制度の改革に取り組んできたNGO、「移住者と連帯する全国ネットワーク」のリーダーに鳥井一平氏がいる。NHKの「プロフェッショナル 仕事の流儀」で彼が技能実習生の人権のために自分自身の命をかけて行ってきた活動が特集された。2013年にはアメリカ国務省より「人身売買と戦うヒーロー」として、アメリカに招かれ日本人で初めて表彰された人物だ。

彼の意見では、日本人に対してはとてもできないようなひどい扱いを外国人に対して行う企業の経営者と交渉すると、意外に普通のまともな経営者が多いので驚いたという。日本人には全く普通に対応する経営者が、一旦、技能実習制度を使うとなると外国人労働者にとっては極悪人のような行動をとってしまう。まともな人間を悪人にするのがこの制度の問題点であると鳥井氏は指摘する。

技能実習制度の隠された大きな問題は、この制度によって日本人経営者がアジア人を見下し、あるいは差別意識を助長する副作用を生んできたのではないだろうかということである。言葉が十分に通じず、彼らに対して悪事を働いても彼らは訴えるすべがないという現実があった。こうした状況を払しょくしない限り、日本はどれだけ深刻な人手不足に陥ろうとも、優秀な人材に日本が選ばれることはないだろう。まさに自業自得ということにもなりかねない。

２０１９年３月、筆者はＮＨＫ四国から相談を受けた。四国４県で技能実習生が急増しており、その実態を放送するのでコメントしてほしいという。４県の在留外国人の数字を確認してみると、驚いたことに４県すべてで在留外国人の最も多い在留資格が技能実習となっていた。高齢化、人手不足が続く四国では、急速に技能実習生が四国の各産業に浸透していったのである。

四国ＮＨＫの職員は「四国を代表するもの、みかん、うどん、かつおも今では技能実習生が頼りの綱。うどんに至っては技能実習生が製造し、留学生が販売し、外国人観光客が買って食べる」と皮肉を交えて話してくれたが、その実態は深刻といえる。

翌月、松山で行われた番組の収録では、著名なうどん店で働く外国人、そして介護現場で働く外国人の様子が紹介されたが、外国人がいなければ回らなくなっている状況のビデオが流され、安い労働力との見方を変えること、そして外国人との共生の必要性を筆者は訴えた。

ではそもそも日本はどのような移民政策をとるべきなのだろうか？

移民政策の4本柱

筆者は日本が国として移民政策をとるとき四つの大きな柱を打ち立てる必要があると考える。

一つはどこの国から何人、どのような人を受入れるかという、入国方針の政策決定である。人口減少が甚だしいといってもだれでも受入れてよいわけではない。どのような人材に定住を認めるのかといったことは極めて重要である。

二つ目は受入れたあとの外国人に対してどのような処遇をするか、対応をとるかということである。日本に貢献してもらうためには単にコンビニやスーパーで買い物ができるレベルの日本語があればよいというわけにはいかない。

一方、受入れ側も日本語教育の提供や日本で生活する上での医療対応や生活面でのさまざまな情報提供、さらに子どもに対する教育なども大きな課題である。これらは欧米では統合政策と呼ばれるが、他の先進国では移民問題を解決するカギは語学学習を柱とする統合政策の徹底であることが常識となっている。

これからは外国人は単に労働力を提供するだけではなく、高齢化する社会を日本人とともに担う存在になってもらう必要がある。人口が減る日本では消費者の役割も極めて重要である。労働力の一部がＡＩやロボットに置き換えられても、ロボットはレストランには行かないし旅行にも行かないからだ。一方外国人には日本の伝統文化を担ったり、あるいは災害時には地域の高齢者を助け出すことも期待できるかもしれない。そのためには彼らに対して日本人と同等の対応をしなければならないのは当然である。

三つ目の柱は、日本人の意識の問題である。外国人に日本社会に貢献してもらおうと思えば、一部の日本人が持つアジア人に対する偏見やあるいは一部企業の使い捨て労働者としての意識を変えていく必要がある。日本人は自分が意識しないうちに、アジア人を上から目線で見てしまうこともある。高度人材として日本で活躍するアジア出身の友人は日本人に「心のグローバル化」を求めたいと話す。日本語を流暢に話す彼だが気になる視線、言葉を感じるときがあるという。

日本人は外国人との交流の経験のないことが接触を回避する態度や偏見につながっていることも多いのではないだろうか。また人間同士としてのふれあいが深まると自ずから偏見がなくなる場合も多い。その際、重要なのはお互い言葉が通じ、コミュニケーションができることが前提となる。その意味でも日本語学習機会の提供、そして地域社会のさまざまな場で交流の機会を作ることが極めて重要といえる。

そして交流の機会を各地で作ることと同時に重要なのは国、自治体、企業のトップの姿勢である。これからは外国人が日本人とともに社会の担い手となることを国内外に明確にメッセージを出すべきだろう。そうすれば国民もそういう時代になったのだということが理解できるだろうし、また優秀な外国人が日本を目指すことにも直結するだろう。

最後に必要なのは、外国人が増加するなかで、日本は最終的にどのような国を目指すのかというビジョンだろう。これについては日本ではほぼ議論がなされていない。単一民族的な色彩の強い日本が外国人が増加することでどのように変化していくのか、不安に思っている人も多いのが事実である。最終的には日本のアイデンティティのあり方について議論することにもなるだろう。

歴史学者や哲学者を含む議論が必要であるが、そもそも日本は大陸から文化を積極的に受入れ、それによって発展してきた国柄であることが一つのヒントになるだろう。日本は、国を閉ざすのではなく、むしろ世界と積極的に交流することで文化、社会のイノベーションを引き起こし発展してきたのがその歴史である。島国である日本のアイデンティティには、海外と積極的に交流することによる異文化の受容とそれを日本流にアレンジして革新を引き起こすというDNAが埋め込まれているのではないだろうか。

そうであれば、人口減少という国難に対して、国を閉ざし続けるのは決して日本の本来のあり方に沿ったものとはいえないだろう。

一方、ヨーロッパには小国で豊かな国があり、そうした国を日本も目指せという意見もある。そうした国は元から小さいのであり人口減少で小国になったのではない。むしろ、小国ほど多くの外国人を受入れ積極的な移民政策をとっている。また日本は2019年3月末時点で国の借金は1103兆3543億円と世界で最も大きな債務を抱えている。コロナショックでさらにこの債務は膨らんでいく。人口減少に任せておけばどう考えてもこの借金が返せなくなることは明白だ。

地域社会も持続性が危ぶまれる状況に陥るところまできている。限界集落がゴーストタウン化し始めた地域も増えている。外国人を受入れると日本が変質するという意見もあるが、逆に受入れをしなければ、将来、日本の地域社会の多くは消滅し、各地の文化は博物館やビデオでしか見られなくなるだろう。であれば、日本は海外から優秀な人材を集め、日本人とともに地域社会の担い手として活躍してもらう以外にないだろう。単なる一時的な労働者を求めるというのであれば、デカセギの意識を持った人材しかやってこない。日本が行うべきは、優秀な人材が日本を目指したくなるような、他の先進国に引けをとらない競争力のある受入れ制度の構築である。

しかし、日本は二つの点で大きなハンディを背負っている。一つは技能実習制度を続けてきたことによる悪評である。日本でも技能実習制度による労基法違反や人権侵害がようやくメディアで数多く報道されるようになったが、そのニュースは海外でも同様に報道されている。

そうした過酷な労働状況はSNSを通じて技能実習生自身からも母国に伝えられ、その結果、東南アジアの都市部では技能実習生への応募が集まらなくなり郡部で人集めをせざるを得なくなりつつある。さらに日本の労働状況を表す言葉として過労死（KAROSHI）があるが、海外に広く伝えられている。高度人材の人々のなかにも日本で働くことをいやがる理由にこのKAROSHIを上げる人もいる。

もう一つ大きなハンディは日本語である。世界有数の複雑な言語、そしてさまざまニュアンスに富むのが日本語である。日本語によってわれわれは文学だけではなく深みのある日本文化を築いてきたといえるが、外国人にとっては日本を選ぶ際に大きな障壁になっている。日本がもし英語圏の国であれば今の何倍、あるいは何十倍も外国人を受入れやすい国だっただろう。日本語は外国人の定住化を跳ね返す壁になっているのである。

そもそも少子高齢化と労働力不足に悩む国は、日本だけではない。先進国はほぼ同じ悩みを抱えており、優秀な外国人労働者をいかに確保するかが大きな課題となっている。アメリカの調査会社ギャラップは2018年12月18日に「Japan May Want Migrants More Than They Want Japan（日本は移住者を欲するが彼らはそれほど望んでいない）」という記事を発表した。国際的な比較調査により、他の先進国と比べて日本は魅力のある国ではないと結論づけられており、より大胆な改革が必要と主張している。政府は観光ばかりではなく、働き定住する国としての日本の魅力度を磨くとともに、世界にそれをアピールしていくことが求められるだろう。

改正法の三つの要点

次に入管法の改正について検討してみよう。2019年度から開始された入管法改正では、これまでの技能実習生が行ってきた現場労働の分野で初めて「就労」を目的として新しい在留資格が創設されることになった。ブルーカラーの分野で初めて労働者として外国人を受入れたことになる。一定の技能を有する「特定1号」は在留期間が最長5年とされ、相当程度の知識又は経験を要する業務に携わることとされる。またN4レベル（5段階の下から2番目）程度の日本語での日常会話がある程度でき日常生活に支障がない程度の日本語能力があることが条件になる。受入れ分野は、建設、介護、農業など当面14業種で実施され、また技能実習制度では認められていなかった転職も同一職種内ではあるが可能とされている。これにより特定技能制度による外国人労働者は日本で自ら進むべき道を自由に選択できることになる。今回の政府の新方針で特に重要なのは以下の3点に集約できる。

（1）在留期間の上限を5年とする就労を目的とした新たな在留資格「特定技能」を創

設する。

（2）新たな在留資格取得者について、滞在中に行う試験に合格すれば家族帯同と定住を認める（特定技能1号から2号への切り替え）。

（3）すでに定住している外国人に対して生活者として、日本語教育など総合的な対応策をとる。

さらに入管法の改正によって、出入国在留管理庁の創設も決められた。しかし、特定技能制度で注意すべきは技能実習制度と同様に学歴の要件はないことである。これでは途上国の義務教育すら受けていない労働者までも日本に働きに来て定住の道を開くことになりかねない。これでよいのだろうか。

筆者は、2019年4月、新設されたばかりの法務省出入国在留管理庁の職員に質問すると、産業界から学歴を求める意見がないからだという。あくまでも一時的な労働者なので学歴などは関係ない、どんな労働者でも受入れられればよいということなのだろうか。もし、使い捨ての発想が抜け切れないためにそうした対応になるのであれば、改めるべきだろう。

企業にとって必要な態度は個々の労働者の能力や人格、潜在力等を見極め、中長期に企業に貢献してくれる人材を採用することではないだろうか。せっかく特定技能という制度ができたのであれば、そうした視点から外国人労働者を受入れ、彼らの能力開発に注力すべきだろう。

技能実習から特定技能制度への完全移行を

今後、特定技能制度は順調に発展し、ブルーカラーの分野で多くの働き手となる外国人がやってくるのだろうか？　コロナショックで当面、国を超えた往来は閉ざされることになるが、いずれ元に戻る時期はやってくる。

しかし、国内で人手不足が続いてもそうならないケースも起こり得る。その理由は現在、特定技能制度と技能実習制度が併存するためである。技能実習制度が従来同様に安価な外国人労働力の確保のための手段として継続され、現場労働の分野での就労を目的とする特定技能制度への切り替えが進まない可能性も残されている。試験実施体制の遅れもあり、２０２０年３月末の時点で特定技能制度による在留外国人は３９８７人に留まっている。

また技能実習制度の修了者が特定技能の資格が得られる制度もできたがこれは国際貢献を目的とする技能実習制度と大きく矛盾する。なぜなら、従来、技能実習制度の実習生は全員帰国して母国で技術を活かすとされてきたのであり、日本で働くことのための前段階と位置づけられることは制度の目的と矛盾するからだ。しかし、それが認められるという、理解を超えた制度ができてしまった。

技能実習生を受入れてきた企業からすれば、技能実習生のほうが最低賃金で安価に雇用でき、しかも、転職される懸念もない。しかし繰り返すが、技能実習制度はあくまでも途上国への技術移転のための制度である。２０１７年に成立した技能実習法ではその一条に「人材育成を通じた開発途上地域等への技能、技術又は知識の移転による国際協力を推進することを目的とする」と明記されている。そうであれば特定技能の制度ができた以上、労働力確保のために技能実習制度が継続されるのはおかしいということになる。

実際、技能実習制度では、国内外に広く知られるようになった労働基準法違反や人権侵害などの問題が蔓延した。しかし、特定技能制度と技能実習制度が併存する以上、技能実習制度に依存してきた企業の圧力に押されて技能実習制度が限りなく温存され続ける可能性がないとはいえない。

技能実習制度で来日する東南アジアの若者。日本で素晴らしい職場が待っていると聞いてきたが、来てみるとブラック企業であり、辞めたくても今の制度では転職はできず、逃げ出せば失踪扱いとなる。

日本人がたまたまブラック企業に就職したと考えてほしい。ひどい労働環境で賃金未払いが続いても辞めたくても辞められない。辞めると年収の数倍の借金を返せと迫られる。そこから逃げ出せば違法行為だと警察に追われるということだ。

日本人であれば働く企業と対等な関係で雇用契約を結び、トラブルが起こった場合、企業に直接あるいは労働組合や労働基準監督署などの政府機関、法テラスなどさまざまな窓口を通して、公平な立場での仲介を受けることができる。

しかしやってくる外国人青年は、日本の社会に馴染みがなく、日本語能力は簡単な日常会話ができるレベルであり、日本の労働条件や雇用環境などについて日本語で十分に理解できるとは思えない人ばかりである。また問題が発生しても雇用主に対等な立場で物事を訴え、また日本人従業員に対するようなしっかりした対応が雇用主から得られるとは必ずしも限らない。

そもそも、技能実習制度は国際貢献が本来の目的である。そうであれば、特定の企業で技能を一定レベル身につければ、新たな会社でさらに高い技能習得を目指すために転職するということが行われてよいはずである。それが認められていないために技能実習では失踪数が毎年増大し、2018年には9052人と、5年前の2倍近くとなった。転職が可能になれば、企業の間で競争原理が働き、技能実習生の待遇も改善され彼らも安心して働け、失踪も大幅に減るだろう。職場が移動できないという仕組みは人権にかかわるものといえるだろう。

かつて韓国では日本の技能実習制度とよく似た産業研修制度をとっていたが、研修生に対する労基法違反や人権侵害が相次いだため、雇用許可制という就労を目的とする制度へと転換した。この際、猶予を認め、両制度は併存したが3年後には雇用許可制に一本化された。日本もそうしたやり方を行うべきだろう。また技能実習制度と特定技能制度の併存は、「悪貨が良貨を駆逐する」ではないが、せっかくの特定技能制度自体も危機に瀕することになりかねない。

本来あるべきは、技能実習制度から特定技能制度への完全移行であり、それを実現するには技能実習制度の終了年次を明確にすることで移行を促進するなどの対応が必要だろう。

日本として技能実習制度を廃止する上での最大の問題は、生産性が低いため最低賃金か、それ以下の賃金しか払えないという労働集約型の零細産業に今後、政府としてどう対応するかという問題にかかっている。

これらの産業が技術革新や業務の効率化などを達成できず、将来の見通しもないまま存続を続けるために低賃金の外国人に依存する状況を容認するかどうかということである。しかしそれは技能実習生の犠牲の上に成り立つ一時しのぎに過ぎず、中長期の展望を持たないやり方といえる。

重要なのは日本人並みの待遇を保障する特定技能制度を拡大し、家族の帯同や定住化の道が開ける特定技能2号への移行を促進することである。それによって各企業は継続的に人材を確保できるとともに、安心して人材育成にも力を入れ、本来あるべき姿を取り戻すことができる。

メディアの技能実習制度への批判

日本に住む外国人の増加を受けて、数多くの出版物が刊行されるようになった。従来のような専門家向けのものだけではなく、一般読者向けの書物も増加している。そうした書籍では技能実習制度をどう評価しているのだろうか?

2018年末の入管法改正の立役者である菅官房長官に大きな影響を与えた『新 移民時代』

（西日本新聞編、明石書店）は、技能実習制度の矛盾をさまざまな観点から指摘する。介護施設では「外国人に頼らないと、老後を見てくれる人がいなくなる」という現実がありながら、技能実習終了後は帰国せざるを得ない制度上の限界。また制度の目的である技術移転が名ばかりとなっている実態を詳述する。最後には「日本の為政者は移民政策を正面から語り、定住型の外国人労働者の受け入れに大きく舵を切る政治決断が迫られている。大方針を決め、移民を受入れるための社会制度設計に着手する時である」と結論づけている。

また、中立的な報道を旨とするはずのＮＨＫの『外国人労働者をどう受け入れるか』（ＮＨＫ取材班、ＮＨＫ出版新書）では、本の帯の「奴隷労働に依存した日本経済」という過激な言葉が目を引く。

本の章立てを見ると、「第一章　最下層労働者たちの実態」では、１「使い捨て」の実態、２　人権を無視した「奴隷制度」、３　国際社会からの糾弾、と人権団体の書籍かと見まがうような厳しい言葉が並んでいる。

この本の技能実習制度の評価は以下の文章に要約される。

> 移民を受け入れないという立場をとっている日本では、この仕組み――実習生や留学生として、期限付きで労働者を確保するしかないこと――で対応せざるを得ないのだ。だが、実習生という形で経営者が都合よく「期限付き労働者」として雇用する今の仕組

みの下では、外国人労働者を長時間、安価に、過酷な労働に従事させる問題点は克服できないのではないだろうか。労働者の権利を守るという観点で言えば、実習生には、実習先を変えることもできないという意味で、職業選択の自由さえ認められていない。

3年間ベトナムに住み、送り出し国の実態を含めて技能実習制度を取材した巣内尚子氏の本のタイトルはズバリ『奴隷労働』（花伝社）である。彼女はベトナム、日本での取材経験から、技能実習生が陥る問題を次々に指摘する。例えば実習生が来日するために支払った100万円の渡航前費用を返済しようにも、基本給11万8000円で生活費を引くと残るのは5万円しかなく借金が返済できない実態を明らかにする。

「技術を教えてほしい」と懇願する技能実習生が、従業員から「3年で帰る人間に教えても会社のためにならない」と叱責された話を紹介する。「技能実習制度はその構造から、技能実習生を結果的に入れ替え可能な、交渉力の弱い労働者としてしまう。（中略）これは、日本社会におけるモラルハザード（倫理観の欠如）ではないだろうか」という。

安心して働ける仕組みとは

新制度では、日本側企業は外国人労働者を直接雇用することができるが、外国人労働者の日本での生活を支援するために、「登録支援機関」と呼ばれる制度が新たに設けられることになった。登録支援機関は、特定技能1号の取得者が日本での活動を安定的・円滑に行うことができるための日常生活上、職業生活上又は社会生活上の支援を行うとしている。

しかし、このことについても懸念がある。なぜなら、技能実習制度では似通った役割を果たした監理団体で不正が続き、その結果、2017年に制定された技能実習法で許可制と定められたからだ。新制度では許可制ではなく届出制に留まる。政府も目を光らせるだろうが、外国人材斡旋が過当競争になれば、悪質業者が生まれる可能性が高まる。

そもそも登録支援機関は企業が資金を提供するもので、必ずしも外国人労働者の側に立つものではない。技能実習制度で日本企業が起こしたさまざまな問題を考えれば、外国人労働者側もしくは第三者の立場に立った組織が支援あるいは問題が発生したときに仲介に当たることが必要だろう。

登録支援機関の評価は、企業にとって安価なサービスを提供することではなく、いかに数多く1号から2号へ外国人労働者をグレードアップさせられるかであるべきだ。優秀な人材を育てることこそが評価の基準であるべきであり、ほっておけば「われわれはどこよりも安く人材斡旋、そして外国人の支援や日本語教育を行います」という価格競争に陥るだろう。

その先例がある。それは1990年に日系南米人を受入れた際に起こった事例である。当初は充実した日本語教育などを実施する斡旋業者の仲介で日系人が日本の企業に入ってきたが、そのうち、「うちはもっと安く斡旋します」という業者が増えるようになった。その結果、価格競争になり、善良な業者はやがて淘汰され、結局、価格競争に生き残った業者がこの分野の勝者となったといわれる。特定技能制度を決してこの二の舞にしてはならない。

技能実習制度で起こった問題を再発させないためには、特定技能制度で来日する外国人に対して中立的な立場にある第三者機関が、労働者としての権利義務についてのオリエンテーションに十分な時間を割く必要があるだろう。また問題が起これば、そうした機関にいつでも母語で相談できるという体制が必要となる。それなくしては対等な立場での雇用にはなりにくいのは明らかだろう。

さらに受入れる事業所がブラック企業でないことが来日前に明らかになっている必要がある。従来、技能実習生は母国では受入れ企業にとって都合のいい情報しか聞かせられず、来日して初めてブラックの状況を知っても、母国で借金を抱え、また制度上、転職も認められず、失踪を余儀なくされてきた現実がある。

新制度でそれを繰り返さないためにはどうすればよいか？　一つは、第三者機関が受入れ企業と登録支援機関を評価し、例えば5段階で格付けして来日前に外国人労働者に明らかにすることだろう。そうすれば彼らは安心して来日できるし、また自ずとブラック企業は排除されていく。

もう一つは受入れ企業と登録支援機関の活動の透明性の義務化である。技能実習制度で起こった悪質な労基違反は人目につかないところで行われてきた。であれば、近隣の人々、あるいはメディアに対して、企業はいつでも外国人の雇用状況を公開するといった何らかの透明性を高める制度設計をすべきだろう。悪事は密室で行われることを考えれば、公開性を高めることが最も効果的といえる。透明性がないことで、善良な企業もついつい法を犯すことにもなりかねない。その意味で透明性は極めて重要といえる。

さて企業のＳＤＧｓへの取組みのなかで、サプライチェーンのあり方が関心を集めている。これは本来、途上国を想定したものであるが、自社の調達先などで労働者が適切に扱われ、違法な労働が行われていないかを企業として責任を持って監視すべきだという考えである。自社内でそうしたことが行われなくとも、下請け、孫請けでそうしたことがあれば、企業として見過ごすべきではないとされる。

この考えを外国人労働者に当てはめれば、国内で違法あるいは人権に問題のあるような雇用が行われている下請企業の製品を調達している可能性のある企業はしっかり監視すべきということになる。また一般の市民もそうした製品をボイコットするという運動としても広がる可能性があるだろう。

地方は取り残されるのか?

特定技能制度で課題となっているのは、転職が可能である以上、賃金の安い地方から賃金の高い都会への転職が進み、地方での労働者が定着しないことが懸念されていることである。外国人労働者の訪日目的が金儲けだけであれば確かにそうした行動に出るだろう。日本人は当然転職が自由にできるが、技能実習生には実習という名の下に勤め先を変える自由が認められず、その結果労基法違反や人権侵害までも発生していたこと自体、技能実習制度の大きな欠陥であることは先述の通りだ。

さて、では特定技能制度においてどのようにすれば地方での定着が可能になるだろうか。いくつかの方法が考えられる。一つは2号に移ることを推奨し、地方において2号を取得した人材には報奨金を出すというシステムを作ることである。2号では家族帯同と定住の道が開ける。地域に定住する人材に対してそれを推進するのである。

もう一つは地域ぐるみでの受入れを行うことだろう。特定技能の人材は地域経済、いや地域社会の持続性にとって欠かせない人たちとなっていく。そうであれば、市長や町長が外国人労働者に対して、彼らが町に着いたときには歓迎式を行うなどといった町ぐるみで歓迎する姿勢を示すことだろう。また労働の場でも透明性を高めだれもが彼らの働きぶりを見ることができるようにすれば、技能実習制度で行われていたような問題は激減するはずだ。

地域の人々に温かく迎え入れられているという気持ちは外国人労働者にも通じるはずである。逆にいえば、今までの技能実習制度では本来、地域社会に欠かせない人材を受入れながら、地域の人々とつながりを持たせず使い捨てにしてきたケースが多かったということだ。

定住への道を開く特定技能2号

特定技能1号に加えて新制度では、現場労働の分野で熟練した技能を要する業務に従事する外国人に対して、「特定技能2号」の在留資格が新設された。特定技能1号の在留資格で来日した外国人のなかで、試験に合格した者に対して2号の取得を認め、家族帯同と定住につながる道が整えられた。

筆者は特定技能制度の意義はこの2号にこそあると考える。なぜなら1号だけでは、実質的には技能実習制度とそれほど変わらないからだ。生産年齢人口が激減する時代を控えて、日本に必要なのは一時的な労働者ではなく、長く日本に留まり貢献してくれる人材のはずだ。1号は出稼ぎ労働者でしかない。彼らをいくら多く受入れても、日本の産業の持続性が高まるはずもなく、レジリエンスの強化にはならず、また高齢化、人口減少による地域の社会基盤の崩壊は止まらない。特定技能の対象となる職業枠を広げ、幅広い人材が多様な分野で日本で安定的に働ける制度を発展させることが望ましい。

2号が拡充されれば、今後、さらに逼迫する熟練工の減少への緩和につながり、モノづくりニッポンの維持、また企業の永続性の維持につながるものと考えられる。また高齢化、人手不足が甚だしい農林水産業や介護、サービス業にも拡充すべきだ。試験の内容及び選考基準、選考過程の透明性を高めることで、能力のある外国人が日本での定住を念頭に本制度によって日本での就労を目指すことができるようになることが重要といえる。

試験の具体的な内容は職務能力に加えて、日本語能力、継続的な雇用の確保などが勘案される必要があるだろう。有能な人材であれば日本への貢献度も高く、また理解度、柔軟性も高いと思われ、受入れ側のコストも最終的に安くつくことが考えられる。よりよいシステムを作ることがよい人材を惹きつけることになる。

しかし、当初は2号については建設と造船・船用工業分野に留まる。これは政府が人手不足対策と銘打って特定技能を導入したことも影響しているのだろう。また移民政策ではないかという国会での不毛な議論も2号へ踏み切ることを業界団体に躊躇させているのかもしれない。しかし、2号への道筋を示すことこそが、優秀な外国人材を受入れる土台となる。

では実際に2号への移行はどのように現状では認められる予定だろうか？　現時点では、建設業と造船・船用工業の２業種のみが認められ２０２１年から試験が開始されることになっている。2号は日本語の相当の能力があることが前提となっているためか、試験には日本語の資格要件は必要ないとされている。

建築分野について見てみよう。

特定技能2号の在留資格を取得できるのは、「建設分野特定技能2号評価試験」又は「技能検定1級」を取得することが条件となる。建設には例えば「型枠施工」「左官」「コンクリート圧送」「屋根ふき」「電気通信」「内装仕上げ」などさまざまな分野があり、それぞれの分野の特定技能2号評価試験か技能検定1級をパスするとともに、実務経験として、建設現場において複数の建設技能者を指導しながら作業に従事し、工程を管理する班長としての経験が求められる。単純労働というイメージを超える現場労働の専門家であることが条件となっている。

建設分野では国籍にかかわらず「建設キャリアアップシステム」がある。これは建設業に従事する労働者の職務能力や指導経験が統一的に評価しにくいことから、就業履歴や保有資格等を業界統一ルールでシステム化する制度である。外国人労働者もこの参加が義務づけられることになる。このシステムでは技能者情報等を登録し、各自にICカードが交付される。カードには住所や社会保険の加入状況、在留資格などが登録され、それがなければ現場で働くことはできない。

またカード上で修了履歴が蓄積されていき、その結果、能力に応じた待遇や職が与えられる仕組みとなっている。こうした透明性のある仕組みが他の現場労働の分野でも広がれば、外国人労働者の能力アップの把握も容易になり、彼らの待遇改善や2号へのより明確な道筋が明らかになると期待される。

また来日する外国人にこの制度がどう映るのかという視点からの議論も必要である。例えば技能実習制度で使われた1号、2号という名称を特定技能制度でそのまま使うのは対外的にアピールに欠けており、ネーミングのセンスが問われるだろう。日本として新たな制度で来日する青年を歓迎するというメッセージのこもった名称として、例えば、1号は日本活躍パートナー、2号は日本長期貢献パートナーなどの名称を作るといった発想が必要ではなかっただろうか。また各領域の専門家レベルにならなければ家族を呼び寄せられないとなると、はたして魅力的な制度と見なされるだろうか。制度の国際的な競争力の観点からも検討が必要である。

さて、2号では家族を帯同できるが、日本に定住し子どもを育てていけるだけの収入を確保できるかが問題になる。通常、家族滞在のビザでは留学生と同じ週28時間以内しか働けない。日本人でも若いカップルであれば共働きしなければ子どもの養育は難しい。そうであれば、配偶者もフルタイムで働くことを認めない限り、彼らは日本で経済的に厳しい生活を強いられることになるだろう。そうした議論は全くなされていないが、外国人の視点に立って、彼らが自発的に日本に定住したいと思うような制度設計が必要である。

本気度が見える総合的対応策

次に政府の示した「外国人材の受入れ・共生のための総合的対応策」の中身を確認しておこう。まず「基本的な考え方」として記されているのは以下の点である（抜粋）。

総合的対応策は、外国人材を適正に受け入れ、共生社会の実現を図ることにより、日本人と外国人が安心して安全に暮らせる社会の実現に寄与するという目的を達成するため、外国人材の受入れ・共生に関して、目指すべき方向性を示すものである。

政府としては、条約難民や第三国定住難民を含め、在留資格を有する全ての外国人を孤立させることなく、社会を構成する一員として受け入れていくという視点に立ち、外国人が日本人と同様に公共サービスを享受し安心して生活することができる環境を全力で整備していく。その環境整備に当たっては、受け入れる側の日本人が、共生社会の実現について理解し協力するよう努めていくだけでなく、受け入れられる側の外国人もまた、共生の理念を理解し、日本の風土・文化を理解するよう努めていくことが重要であることも銘記されなければならない。今後、在留外国人の増加が見込まれる中で、政府として、法務省の総合調整機能の下、外国人との共生社会の実現に必要な施策をスピード感を持って着実に進めていく。（傍線は筆者）

以上の表記には入管法を改正して「特定技能」の在留資格の創設という方針を超えて、在留する外国人への本格的な取組みの姿勢が伺える。例えば外国人に対して共生の理念を理解し、日本の風土・文化を理解するよう努めることを求める一方で、「受け入れる側の日本人が、共生社会の実現について理解し協力するよう努めていく」と日本人の意識変革の必要性についても触れているのは興味深い。外国人の日本社会への適合を求めるだけではなく、日本人にも新たな認識を求めているのは、外国人受入れが日本社会にとって重要であり、また継続的なものであることを政府が認識しているからに他ならない。

傍線部は法務省の良心ともいえるかなり踏み込んだ内容といえる。日本人並みと明確に規定したことは大いに評価できるが、それを民間も含めて実現するのは極めて難しい。そのためには大胆な政策が必要であり、「総合的対応策」はその一歩に過ぎない。これから長い道のりを着実に進んでいかなければならない。

さて総合的対応策は全体で31ページ、以下の四つの施策からなる。

1　外国人との共生社会の実現に向けた意見聴取・啓発活動等
2　生活者としての外国人に対する支援
3　外国人材の適正・円滑な受入れの促進に向けた取組
4　新たな在留管理体制の構築

以上のなかで最も分量が多いのが「2　生活者としての外国人に対する支援」で全体の3分の2の分量で詳細に事業の内容と担当省庁、それに個々の事業の平成31年度予算額が記されている。

「2　生活者としての外国人に対する支援」の項目は以下の通りである。

（1）暮らしやすい地域社会づくり
①行政・生活情報の多言語化、相談体制の整備
②地域における多文化共生の取組の促進・支援
（2）生活サービス環境の改善等
①医療・保健・福祉サービスの提供環境の整備等
②災害発生時の情報発信・支援等の充実
③交通安全対策、事件・事故、消費者トラブル、法律トラブル、人権問題、生活困窮相談等への対応の充実
④住宅確保のための環境整備・支援
⑤金融・通信サービスの利便性の向上
（3）円滑なコミュニケーションの実現
①日本語教育の充実
②日本語教育機関の質の向上・適正な管理
（4）外国人児童生徒の教育等の充実
（5）留学生の就職等の支援

（6）適正な労働環境等の確保
①適正な労働条件と雇用管理の確保、労働安全衛生の確保
②地域での安定した就労の支援
（7）社会保険への加入促進等

以上の項目は網羅的で、外国人の日本での暮らし、日本語教育、子どもの教育支援など、ほぼ外国人の生活支援に対する分野がカバーされていると思われる。こうした政策が早急に実施されれば大きな成果が期待できるが、筆者として求めたいのは、過去の政策不在の間の反省と現状に対する課題認識である。とりわけ各分野の現状についてどの程度の不足と考えているのか、最終的にどの程度のレベルまで政策を進めていくかというビジョンである。

現状ではさまざまな分野でこれまで不足していた事業を開始するとしてスタートするものの、今後、どの程度まで進めるのかについての到着時点が見えず、その意味で明確な目標がないなかでのとりあえずの出航ということになる。それぞれの分野ごとの現状の確認と今後の目標地点をしっかりと示すことが必要だろう。

明確な現状認識を持つことは、日本社会で落ちこぼれた外国人に対しての支援や対応をする上で必要であるとともに、その再発を防ぐためにも不可欠といえる。

そのためにも、２０１８年に年間９０００人に上る技能実習制度での失踪者やデカセギ留学

生が増加している状況に対して、在留資格のあり方の見直しが求められる。外国人受入れの入口に当たる現在の在留資格の制度に不備があるとすれば、入国後の対応を行うだけでは問題の本質的な解決に結びつかない。蛇口を閉めないままバケツで水をすくっていても終わりのない作業を続けるだけになる。在留資格のあり方と受入れ後の統合政策の双方が連携した対応があって初めて大きな成果が生まれることになる。

総合的対応策は2019年12月20日、その改訂版が政府から出されたが、骨格は変わらず、自治体の一元的相談窓口への支援の拡大や技能実習生の待遇改善、留学生の採用・待遇などについての経済団体への周知等が盛り込まれた。

外国人労働者が殺到する韓国の雇用許可制

さて次に日本をリードしている韓国の取組みを見てみよう。韓国の雇用許可制は日本の特定技能制度と似通っている。雇用許可制は日本の技能実習制度をまねて創設された産業研修制度が労働法違反などの深刻な問題が多発したために2004年に設けられた制度で、外国人材の受入れを政府が直接管理する。

現場労働の分野で途上国から5年を限度に17か国から労働者を受入れ、その人数は30万人程度となっている。この制度では受入れる労働者について送り出し国での試験及び受入れ労働者

（左）雇用許可制で働く外国人労働者を支援するウィジョンブ市外国人力支援センター
（上）相談窓口には外国人労働者の母国の国旗が掲げられ、専門職員が対応する仕組みができている。

の選別から韓国企業への斡旋まですべて政府が直接実施する。そのため、技能実習制度で見られるようなブローカーが介在する余地がない。

さらに韓国で働く際に問題が発生すれば、政府予算によって作られた雇用許可制度で働く外国人労働者のための相談センターで多言語で相談を受けることができる。

筆者は２０１８年４月に外国人受入れ政策について学ぶため韓国を訪問し、雇用許可制に関して多数の関係者から意見を聞く機会を得た。韓国政府は雇用許可制の下で働く外国人労働者が抱えるさまざまな課題に対応するため、全国43か所に相談窓口を設けている。

筆者はソウル市北部のウィジョンブ市の施設を訪れたが、写真の６階建ての建物すべてが相談施設で、12か国の言語で雇用許可制による労働者の相談対応に当たるほか、多言語の図書館、集会所、さらには彼らの趣味を支援するための活動まで政府予算によって行われていることに驚いた。同規模のセンターは全国に9か所設置されている。

日本では政府は2018年12月に全国に100か所のワンストップセンターを設置する方針を打ち出したが、これは在留するすべての外国人に対する相談業務を中心とするもので、新たな在留資格である特定技能制度のためのものではない。またこの100か所は自治体が設置することに対して政府が1か所1000万円の補助金を出すものであり、根本的に異なる体制といえる。

雇用許可制度によって韓国で働きたいとする海外の希望者は極めて多い。韓国で働くベトナム人やネパール人の話では、両国では希望者が殺到し、その倍率は10倍を超えており、その結果、極めて質の高い人材が韓国で働いている。一方、彼らの話では日本の技能実習制度は人気がなく、高校中退者などの若者も技能実習生で来日しているという。まさに違いは歴然としている。まさに日本が選ばれない国になっている実態をこの施設を訪問することで体感することができた。

経済団体は外国人受入れをどう見るか?

企業をはじめ多くの組織にとって外国人労働者の重要性は増している。では、それぞれの団体はどのように外国人受入れを考えているのだろうか。

経団連（日本経済団体連合会）が2018年10月16日に公表した「外国人材の受入れに向けた基本的な考え方」では、政府による入管法改正に向けた動きについて以下のように述べている。

今回の政府方針は、特に社会生活や産業基盤の支え手の確保という課題に、スピード感をもって正面から取り組むものであり、経団連の考え方と軌を一にしたものと受け止めており、また、わが国の経済・社会基盤を維持する中小事業者が直面する深刻な人手不足の声にも真摯に対応したものである。

政府の方針を全面的に支持する姿勢といってよいだろう。では技能実習制度と特定技能制度の関係についてはどうか？

新たな外国人材受入れ制度は、就労を目的としており、両制度の位置づけは異なることから、政府は、個別業種毎のニーズを的確に踏まえつつ、制度間の関係性を整理すべきである。具体的には、国際貢献と継続就労の制度趣旨の整合性、新たな制度の下で指定される業種と技能実習制度の職種・作業との関係性等が考えられる。

ここでの両制度とは技能実習制度と特定技能制度を指すが、本来、国際貢献を目的とする技能実習制度が特定技能制度の前段のような位置づけとなっていることに対して、「国際貢献と継続就労の制度趣旨の整合性」と問題を指摘しつつも、その具体的な解消は求めておらず、態度はやや中途半端な印象を受ける。

経団連は日本を代表する大企業の集まりである。それぞれの企業は日本人の若者に人気があるため、中小企業と異なり、人手不足の深刻さが企業の大きな痛手とまではなっていないケースも多い。

一方、経団連と並ぶ日本有数の経済団体である経済同友会はどうだろうか？　経団連が大企業の集まりであるのに対して、経済同友会は企業人、つまり個人の集まりという違いがある。企業の枠に縛られず自由に個人として活動できるというのが経済同友会である。

経済同友会では、２０１９年1月に「持続的成長に資する労働市場改革――ハイブリッド型雇用と外国人材の活躍推進に向けて舵をきる」を発表した。この提言のなかで「戦略的な外国人材受入れの開かれた仕組みづくり」と題する章がある。そのなかでは「外国人労働者は２０１７年10月末時点で約１２８万人となり、わが国における就業者の２％を占めるまでになった。直近5年間の雇用者数の増加の2割は外国人労働者によって支えられており、日本経済は外国人労働者がいなければ成り立たなくなっているといえる」との現状認識を示した上で「今般の法改正により導入される『新たな在留資格』については、当面はパイロット的な位置づけで運用し、その効果の検証も踏まえて、制度設計について包括的見直しも含めた検討を行うことが不可欠である」とする。

つまり、特定技能制度は過渡的な存在であると認識するとともに、さらに踏み込んで「こうした体制整備や外国人材の保護、および社会統合政策の推進に当たっては、外国人材受入れに係る総合的な法律の整備が必要である」と受入れたあとの外国人に対して新たな法を作ることで総合的に対応すべきと主張する。

一方、技能実習制度についての見方は極めて厳しい。「『新たな在留資格』と技能実習制度の本来の目的を踏まえ、両制度は接続させず、それぞれ独立した制度として運用すべきである」「技能実習制度については、実習のニーズの状況を踏まえ、廃止も視野に入れた制度の見直しが必要である」と立場を明確にしている。

では、中小企業がメンバーに多い日本商工会議所の立場はどうだろうか。

日本商工会議所では2018年10月25日に「『入管法改正案』骨子及び『政府基本方針』骨子案に対する意見」を発表している。これによれば、「政府において外国人材の新たな受入れ制度の創設に向けた検討が真摯に行われていることを当所は高く評価している」とするとともに、厳しい人手不足に悩む中小企業の立場から、中小企業が外国人材を雇用する際の手続きや受入れ体制の構築、相談窓口の設置、専門家の派遣等、中小企業に対する相談機能の創設などを求めている。以前から技能実習生など外国人労働者を雇用するケースが多かった中小企業としての利便性を求めており、技能実習生と特定技能の併存についてはコメントしていない。

経団連、経済同友会、日本商工会議所が経済団体御三家とすれば新たに生まれた経済団体も外国人の受入れについて活発な議論を展開している。

楽天の創業者である三木谷浩史氏のイニシアチブでIT企業による経済団体として2010年に発足した新経連（新経済連盟）では、2018年10月12日に「日本の『第三の開国』～外国人受入れによる多様性ある社会の実現とイノベーション促進～」を発表した。

この「第三の開国」の提言では、海外の事例を引きながら「外国人受入れは、社会に多様性をもたらし、イノベーションの源泉となり得る。また、人口が減少するなか、新たな需要を生み出す者としても重要。労働生産性の向上にも寄与」と位置づける。

IT企業にとっては技術者が命綱といえるが、それ以外の人材についてもその受入れの重要性を指摘している。「専門的・技術的分野人材以外であっても、社会の多様性を広げ、イノベーションの源泉となり得る」とし、アメリカでイノベーションを起こした起業家のなかに移民2世が数多くいることに注目すべきだとする。さらに、国際的な人材獲得競争で優位に立つためにも、日本は外国人にとって生活しやすいかという視点での検討をすべしとし、「移民基本法」の制定を求めている。

また日本社会の多様性を測る一つの指標として、長期的に、外国人比率10％程度を目途とすべきとし、適切に社会統合政策を行っていけば、決して社会を不安定化させる程のものではないと主張する。また仮に外国人比率が10％となった場合、1人当たり労働生産性は現在より

15%程度の改善が見込まれると数字で効果を示している。

一方、技能実習制度については、「根本的な見直し」を求めるとともに、技能実習制度とは別に、日本への就労を前提としたミドルクラス人材としての新たな在留資格を設けることを提言している。

最後に2011年に設立された新しい経済団体、生団連（国民生活産業・消費団体連合会）の提言を紹介したい。生団連は、生活必需品（衣・食・住）の製造、流通、サービス関連事業者や消費者団体など500を超える企業・団体が加盟している。

生団連ではその活動の4大重点課題の一つに「『生活者としての外国人』の受入れ体制の構築に向けて〝人的鎖国からの脱却～人口減少は、国の存亡に関わる問題である〟」を掲げている。生団連の視点で興味深いのは人口減少は単に労働力の不足を招くだけではなく、消費者の減少に直結することを指摘していることだ。生団連の参加企業のほとんどは国内市場を相手としており、日本のGDPの約70%を流通サービス産業を中心とした第三次産業が稼ぎ出しているると指摘する。人口の縮小は第三次産業の減少につながり、そのまま国力の衰退、また税収の減少に直結するという。

政府の改正入管法と「外国人の受入れ・共生のための総合的対応策」についても、「その実現・具体化に向けては検討あるいは対応すべき課題が、まだまだ多いと捉えています」としている。また「外国人の受入れに関する委員会」を発足させており、外国人の受入れに関する基本法の確立など、将来を見すえた議論を展開している。

以上、経済団体の外国人受入れについての見方を概観してみたが、それぞれ、メンバーとなる企業によって考え方、アプローチに違いが見られる。経済団体は一枚岩ではなくこの問題に対して温度差があるということである。現時点の人手不足に焦点を当てるのか、中長期の課題に焦点を当てるのかによって「移民法」にまで踏み込むかどうかの違いが表れている。しかし、経済団体すべてが外国人受入れに対して日本の企業の今後のあり方を左右する極めて重要な問題であるという認識を持っていることは間違いないだろう。

「在留外国人等基本法」の提案

共生社会を実現するためには政府の継続的なコミットメントが必要であるが、それを実現するには法的に裏付けする「在留外国人基本法」の制定が行われる必要があるだろう。

日本国際交流センターが設置し筆者が事務局長を務める「外国人材の受入れに関する円卓会議」は2018年3月、「在留外国人等基本法要綱案」と「外国人とともに創る日本の未来ビジョン」の提案を行った。そこでは外国人を日本社会の一員として位置づけ、対等な社会参加により共生社会を実現し、活力ある社会を構築することを目的としている。そしてその実現のために国や自治体の責務を明確化するとしている。

「在留外国人等基本法要綱案」では将来の日本へのビジョンが盛り込まれている。国の責務として在留外国人が社会の発展に力を発揮できるような基盤整備を行い、日本人との関係を相互理解、共生、協力関係へと発展させるとしている。また日本人同様、出生から死亡に至るまで社会とかかわり、多様なニーズを有することからライフステージを総括する取組みが必要であり、日本での生活、学習、就労に対して人権の保障と平等の社会参加を実現するために、外国人の特性に沿って合理的な配慮を必要としている。

この法律案は基本法であることを謳っており、在留外国人にかかる他の法律について、この法律の基本理念に沿うことを義務づけている。国と地方自治体は外国人の受入れと定着の整備のための必要な施策を行うことになるが、政府に対しては自治体への財源の確保を義務づけている。これは全国一定水準のサービスや事業を展開するためには必要不可欠の措置といえる。

この基本法では事業者の責務についても規定している。ここでは政府に対して協力するとともに、外国人の日本語学習や職業訓練などの適正な教育訓練を行うことを求めている。また外国人自身に対しては日本社会の一員として積極的に社会参画・参加するように努めることを義務づけている。

また、こうした理念を実現するために、政府が基本方針と基本計画を5年おきに作るとしている。同様に都道府県や市町村においても同様の基本方針と基本計画の策定を義務づけている。さらに基本法には「在留外国人等政策委員会」の設置を求めている。この委員会は基本方針や

山下貴司法務大臣（写真奥）に提言を手渡す「外国人材の受入れに関する円卓会議」の共同座長の（右から）國松孝次、大河原昭夫両氏と筆者（写真左）（2019 年 3 月）

基本計画についての監視や勧告を行う諮問機関であり、同様の機関を都道府県に設置するとする。

外国人受入れについてのこうした政策を実現するには国民の理解が必要不可欠である。そのため法律の基本理念についての啓発活動とともに、すべての教育機関において多様性の尊重を教えることを求めるとともに、政府には共生社会の実現に向けて多文化共生週間を設けることを示している。政府には在留外国人に対する情報や統計の整備とともに、毎年の白書の作成を義務づける内容となっている。

一方、「外国人とともに創る日本の未来ビジョン」は、現状の課題と在留外国人基本法制定の必要性に言及するとともに、最後に「開国」の歴史的意義について述べている。そこでは、日本が積極的に異文化を受入れることで文化・社会のイノベーションにつなげてきた歴史から見れば、「開国」は日本にとって異質なものではないとしている。そして、日本の将来に向けて、幅広い国民的な議論の必要性を訴えている。

「在留外国人等基本法」と「外国人とともに創る日本の未来ビジョン」の二つの提言は2019年3月、山下貴司法務大臣に面談の上で直接提出された。

「亡国の移民政策」大論争

月刊文藝春秋の2018年11月号で、「安倍政権最大の失政を問う亡国の『移民政策』」というおどろおどろしいタイトルの特集の下で「激論 すでに世界4位の〝隠れ移民大国〟これが人口減少社会への答えなのか——」と題する討論が組まれた。

参加者は『人類5000年史』などの著書がある立命館アジア太平洋大学学長の出口治明氏、ベストセラーとなった『未来の年表』の著者でジャーナリストの河合雅司氏と筆者である。それぞれの立場、見解から日本の歴史、文化、将来を含めての幅広い議論が展開され大激論となった。この論争は読者の高い関心を呼び、われわれ3人はこの年の文藝春秋読者賞を受賞することになった。

この議論を経て改めて感じるのは、これ以上移民についての議論をタブー視することなく、オープンで国民的な議論を行う段階に来ているということである。その際、移民や経済の専門家だけではなく、社会、歴史、文化など幅広い立場から議論を興す必要性がある。コロナショック後の日本のあり方に移民受入れの議論は避けて通れない。そうであれば各分野の専門家とともに、市民一人ひとりが学校、職場、家庭あるいはネット上でお互いの考えを述べあうことだろう。そして単なる受入れの是非を超えて、どうすれば成功させられるのかといった視点からの前向きの議論が行われることを期待してやまない。

第5章

30年間の政策空白

2018年の入管法の改正を契機に外国人の受入れのあり方について議論が巻き起こったが、忘れてはならないのはすでに日本には300万人近い外国人が住んでいるという事実である。政府の新政策によって外国人が急増するのではない。すでに過去30年ほどにわたって日本に住む外国人の増加は続いてきたのである。

日本で在日韓国・朝鮮人以外の在留外国人が顕著に増加を始めたのは1990年代である。1990年には入管法の改正により、定住者の在留資格が創設されて日系南米人の受入れが始まった。リーマンショック時を除いて、在留外国人の数は増え続け、平成元年（1989年）には98万人に過ぎなかった在留外国人の数は平成30年末（2018年）には273万人へと増加した。これは中規模県、広島県や京都府の人口に匹敵する。しかもその国籍、在留資格とも多様化が進んだ。

しかし、在住外国人は政府にとって管理の対象と見てきたものの日本語教育や子どもの教育など社会福祉面での本格的な政策の必要性は省みられることはなかった。30年、つまり一世代の間に170万人もの外国人が増加したが、その結果、社会から落ちこぼれた人たちが数多くいるのである。

なぜ政府は何もしなかったのだろうか？　政府にとって在留外国人は一時的に在留する存在であり、彼らに対して定住を前提とする政策をとるという発想自体がなかったといってよい。それが証拠に、在留外国人の日本での生活に関する基本的な統計自体も欠如している。政策を

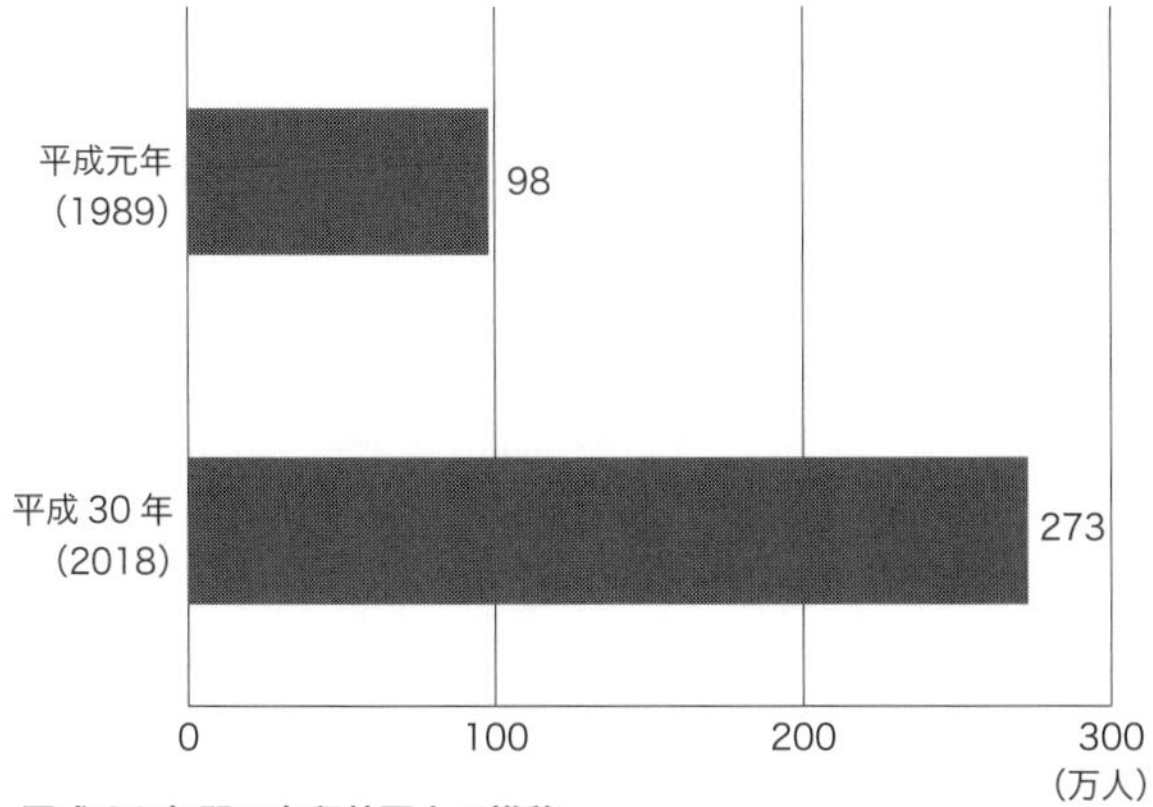

図 5　平成 30 年間の在留外国人の推移

出典：『人口統計資料集（2018）』国籍別総在留外国人人口：1950 ～ 2016 年及び法務省「平成 30 年末現在における在留外国人数について」より筆者作成

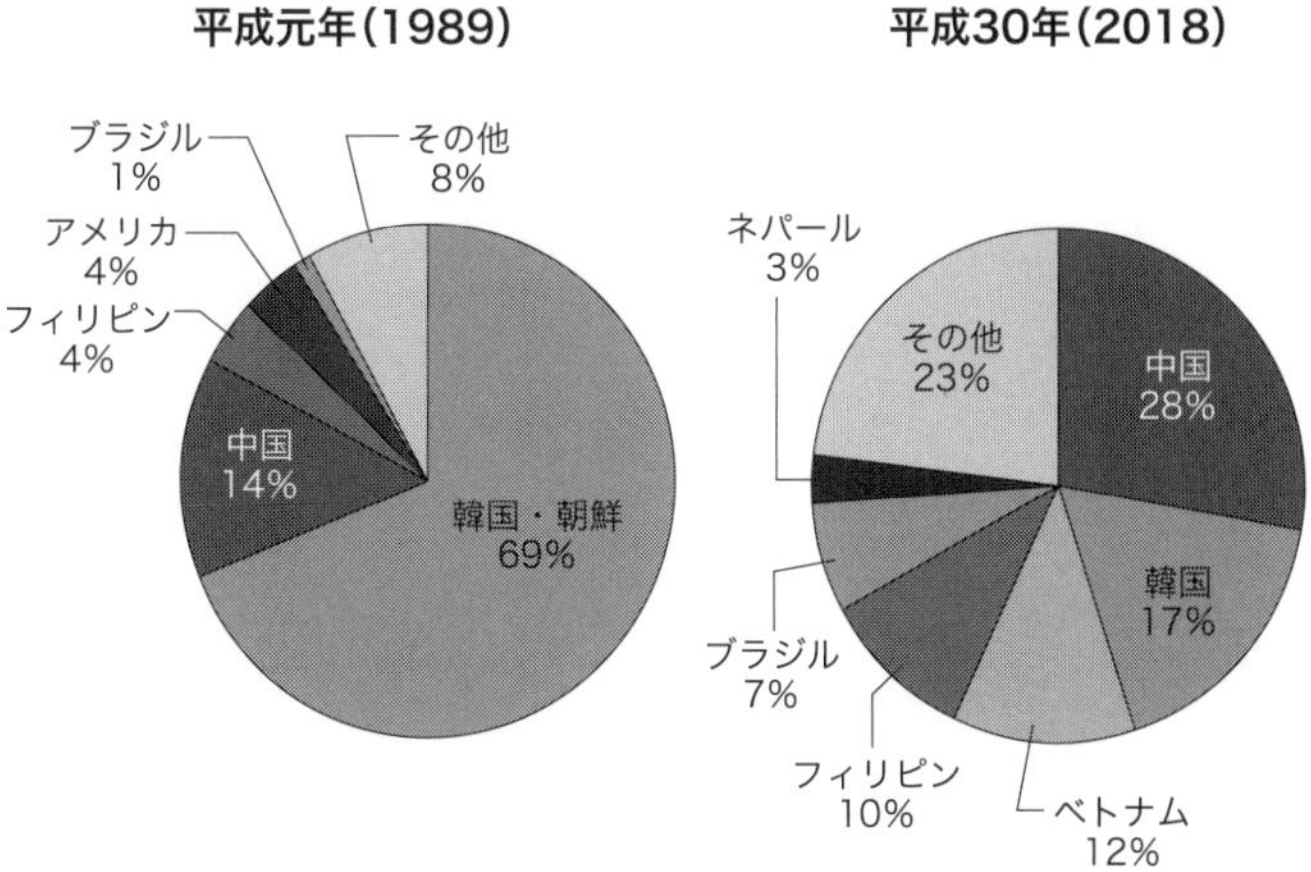

図 6　在留外国人の国籍の割合の変化

出典：同上

作るためにはデータが必要だが、政府が基本的なデータを集めようとしてこなかったこと自体、在留外国人の存在は政府の視野の外にあったことを物語っている。わずかに総務省による自治体に対しての国際交流の活動の一環としての支援等があったのみである。

２０１８年末の政府の新政策によって今後、外国人が増加することによる社会不安を主張する人たちもいるが、むしろ、これまで30年間にわたる政策の空白こそが将来に向けての大きな不安材料となる可能性がある。

ダブルリミティッド世代

例えば、日本に在住しながら十分な教育環境のないなかで育った日系ブラジル人のなかには、ダブルリミティッドと呼ばれる、日本語、ポルトガル語、双方の読み書きが不自由な人たちがいる。

ダブルリミティッドとは子どもたちがバイリンガルな言語環境で育ちながら、十分な言語能力を身につけることができず、二言語はおろか、いずれの言語も中途半端な能力のまま育つことをいう。

日系ブラジル人には、よりよい仕事を求めて、日本とブラジルの間で数年ごとに転居を繰り返す人たちもいる。そうであれば、その子どもたちはいずれの国の教育も中途半端となり、社会で生活し働く上で十分な能力を身につけることができなくなる。さらに日本に定住している家庭であっても、両親が生活に追われ共働きで忙しく、子どもと接する時間が少なかったり、あるいは子どもの教育に熱心でない場合も見られる。

仮に日本の学校に通ったとしても外国人の子どもは日本の子どもと大きく異なる教育環境にある。日本人の子どもは単に学校で日本語（国語）を学ぶだけではなく、親や兄弟姉妹との日常的な日本語でのコミュニケーションを通してさまざまな言葉を覚え、日本語の抽象的な概念を理解するようになる。また日本人の子どもは家庭で日本の人名、地名、歴史などを生活のなかで学ぶが、外国人の子どもはそれがすっぽり抜け落ちてしまう。

それを防ぐには、親の子どもに対する人一倍の教育への熱心さが必要となるがそれが欠けてしまうと、一見、日本語が自由に話せるように見えても、小学校高学年になり、抽象的な言葉や考えが求められるようになると授業についていけないケースも発生する。そして、ついていけなくなった子どもは、ドロップアウトしても義務教育でないために、そのままの状態で年齢を重ねて大人になっていくケースも見られる。人間にとって思考力の源になるのは言語能力である。言語能力を欠いた子どもは考える力そのものを十分に身につけることができず成長していく。

平成の31年の間にこうしたダブルリミテッドの子どもはすでに成人し、そうした人たち同士が結婚し家族を持ち、その子どもが日本で生まれそして育ち始めている現実がある。

ダブルリミティッドの問題は日系南米人ばかりではない。例えば日本人とフィリピン人の間に生まれた子どもたちの間にも同様の問題が発生している。1980年代以降増加した「興行ビザ」で入国したフィリピン人女性は日本人男性と結婚したケースが多い。そして、子どもが生まれたあと離婚し、シングルマザーとして日本で生活している例も多くある。十分な収入のないフィリピン人のシングルマザーの下で育った子どもたちの多くは、日本人の両親の下で育った子どもたちとは大きく異なる家庭環境のなかで育つ。日本語、英語、あるいはタガログ語といったバイリンガル、あるいはマルチリンガルとして成長した人たちもいるものの、それぞれの言語能力が中途半端である人たちも多い。

想像力の欠如が生み出すもの

そうした在留資格「興行」で来日した東南アジアからの女性が増加したのが、バブル期、1980年代である。じゃぱゆきさんとも呼ばれた彼女らの多くはフィリピン出身で、フィリピンパブが全国に林立する時代があった。

人身売買などの指摘を受けて、そうした状況が変わるのは2005年に在留資格「興行」に係る上陸許可基準（省令）の見直しによってである。しかし、法務省の「平成23年度（2011年）出入国管理（白書）」によれば、2006年の「専門的・技術的分野での就労を目的とする新規入国者」（傍線は筆者）総数8万1381人のうち、興行の数はなんと4万8249人と59％を占めていた。20年近くにわたり、興行という在留資格で多くの東南アジアからの女性が流入していたのである。

彼女らは本来の「興行」の趣旨とは違う夜の歓楽街で働かされ、一部は売春のケースもあったが、こうしたビザが発行され続け、多くのアジア人女性が日本で非合法の仕事に従事させられた。

これが人身売買だと国際的に強い非難を受けたことによって徐々に興行ビザの発行は厳格化されその後、激減した。しかし、この結果起こったのが、フィリピン人女性と日本人男性の国際結婚である。その結果、多くの子どもが日本で生まれた。このダブル（ハーフ）の子どもに対して政府は何も対応をしなかったが、言語能力の問題だけではなく、差別や社会の偏見、貧困で苦しんだ子どもも数多い。

興業の在留資格でほぼ20年間、東南アジアの女性を受入れてきた法務省は、その後、社会に何が起こるかについて考えを持っていたのだろうか。その想像力が欠如していたことは、その子どもたちに対する政府の政策がなかったことで明らかである。

これらの教訓は、一時的な労働目的であれ、制度が一定年数続けば、日本での定住や国際結婚が増加し、そして子どもが日本で生まれ育つという事実である。過去のこうした経験を直視すれば、外国人の受入れは、受入れた先まで見通した政策をとらなければならないことは明らかだろう。

内なる国際化

政府の増加する外国人に対する政策的な対応の欠如が続いたなかで、その空白を埋めてきたのは自治体でありＮＰＯだった。その活動はどのように始まったのだろうか？

多文化共生という言葉が一般化したのは１９９０年代になってからであるが、それよりずっと以前、１９７０年代から一部の自治体では「内なる国際化」という言葉で在留外国人を対象とする活動が行われていた。

当時、対象となった在留外国人は在日コリアンだった。日本に定住しながら、日本人と異なる処遇を受け、その格差の解消を求めて行われたのが自治体や市民団体から始まった内なる国際化である。例えば在日コリアンの多い川崎市では１９７２年に市内在住の外国人への国民保険の適用を行い、また75年には児童手当及び市営住宅入居資格の国籍条項の撤廃を行った。こうした政策は国の政策変更に先駆けて行われた点に先進性がある。

さて「内なる」国際化という名称が使われたのには理由がある。それは１９７０年代は国際化がブームとなり、自治体においても海外との姉妹都市の締結やさまざまな国際交流イベントが華々しく開始され始めていた。そうしたブームに対して、「内なる」国際化は、地元にある外国人に対する差別や格差に目を向けるべきという一種、批判精神に基づく運動としての側面があったように思う。

一方、姉妹都市に代表される地域社会の国際交流は、単なるお祭りに終わらない、地域に根ざした活動として全国に広がっていった。日本にとって最初の姉妹都市は1955年12月に締結された長崎市とアメリカセントポール市との提携に遡る。姉妹都市は日米の和解を求めるアメリカ側からの申し出で始まったが、日本国内ではその考えに大きな賛同が集まり姉妹都市は全国で急速に普及した。それは当時、反戦感情が幅広く国民に共有されており、草の根のイニシアチブによる和解、平和構築という戦前には考えられないアイデアに共感が広がったからに他ならない。

海外との交流の機会が極めて乏しかった戦争直後の日本において、一般市民が海外と交流する機会が生まれ、ホームステイなどを通してパーソナルな関係を持つことができる姉妹都市交流は、その後の外国人を地域社会に受入れる多文化共生の活動の土台としての役割を果たしたともいえるだろう。

1950年代から始まった草の根の国際交流は徐々に増加した外国人住民に対する支援活動の精神的な基盤となっただけではなく、国際交流に携わった市民たちは、その後地域で増加を始めた外国人住民に対するさまざまな支援活動にも携わるようになっていった。

1980年代に起こったこと

外国人受入れの黎明期ともいえる1980年代。そこでどのようなことが起こったのだろうか。

当時の政府の方針として1983年の「留学生受入れ10万人計画」がある。これは中曽根康弘政権で行われたもので2000年が目標年とされた。他の先進国が留学生を数多く受入れており、日本としても留学生を通して親日家を増やすことが目的とされた。そして実際にその数字が達成されたのは2003年だった。その5年後、福田康夫首相の下で2008年に2020年を目標達成年とする「留学生30万人計画」が作られた。世界に開かれた日本、人の流れを拡大していくことが目標とされた。

2017年末に留学生の数は31万2000人となり目標を達成したが、急増した理由は専門学校や日本語学校に通う留学生の増加によるところが大きい。そのなかには人手不足の穴埋めとしてのデカセギ留学生も含まれる。目標数は達成されても、人手不足によってゆがんだかたちで留学生を呼び寄せたことになる。

さて、1980年代には何が起こっていたのだろうか？　80年代後半にはバブル景気によって、現在と同様に労働力が不足していた。当時、工事現場などで働いたのが東南アジアから入国し不法滞在者として働いていた労働者だった。彼らは横浜では日雇い労働者が集まるドヤ街であった寿町を中心に住むようになった。寿町は観光客でにぎわう中華街のすぐ隣にある。

当時、人手不足は深刻化していたが、工事現場などで働く労働者を海外から受入れようにも法的な制度がなかった。そこで違法に外国人労働者を斡旋するルートが作られ、フィリピンを中心に外国人労働者が不法滞在のかたちでやってくるようになった。

そうした外国人労働者の労働問題、人権問題にかかわったのがキリスト教系のNGO、カラバオの会である。カラバオとはフィリピンのタガログ語で水牛を意味する。彼らは日本語が不自由で不法滞在という負い目を抱えているため、企業に搾取されやすい。外国人労働者の立場に立って活躍したNGOの先駆的存在だった。カラバオの会のような活動がその後には、技能実習生の人権問題に対処する各地のNGOの活動へとつながっていく。

ちなみに現在の寿町は外国人ばかりか日本人の労働者の姿も消えてしまい、高齢者のための老人ホームが軒を並べ、高齢化した日本を象徴するような存在となっている。

カラバオの会が編さんした1980年代後半の新聞記事のクリッピングを見ると、今の時代かと見間違うような見出しが踊っている。1988年4月6日の読売新聞は「激論コーナー」として外国人労働者を取り上げ、読者のさまざまな意見を対比させている。「受け入れよう」の側には「自己中心の考え排して真の国際化図れ」という大学生の意見があり、「規制が必要」の欄には「社会の安全のために政府は厳しく対処を」が並んでいる。また1989年11月6日の朝日新聞は、外国人労働者についてのアンケートの結果を公表しているが、見出しは「開国へ、現実的な声」とある。そして若い層ほど容認の意見が強いことを伝えている。

さて、1980年代、地方では現在と同様に高齢化の進行が問題視されていた。そこで東北で始まったのがアジアからの花嫁を受入れることだった。山形県の朝日町は全国初の行政主導による国際結婚事業を進めた。これをきっかけに、山形県内で大蔵村、真室川町、鮭川村、戸沢村が行政主導で国際結婚の斡旋を行った。この現象は10年ほどしか続かなかったが、その結果、中国やフィリピンから数百名の女性が山形の農家の嫁として来日し、家族を形成した。彼女らを支援するために当時、すでに自治体主導で日本語教室が運営されるなどの対応がとられた。

文化や言語の違いから離婚したカップルも多かったが、残った女性たちは現在では、地域社会の重要な一員となり、その子どもたちもすでに成人している。この彼女たちに話を聞くと、方言、封建的な家制度など苦労が絶えなかったという。しかし、今ではその苦労を乗り越えて来た経験が他者に対する優しさに結びつき農村で地域のリーダー役を担っている女性もいる。

外国人の受入れは特定技能制度によるものが初めではなく、実は過去に何度も行われてきた。そしてそのことが現在の地域社会にもさまざまなかたちで影響を及ぼしている。その事実を知ること、そして過去の失敗を含む経験を活かすことが今後の受入れの成功、失敗のカギを握るだろう。

国際交流協会

自治体では市民参加による国際交流活動を行う拠点として、１９８０年代後半から90年代前半に多くの都道府県や中規模以上の市で国際交流協会と呼ばれる組織の設立が相次いだ。

１９８０年代は少子高齢化、情報化、国際化が自治体を取り巻く新たな変化として喧伝され、自治体では「地域の国際化」が大きなブームとなっていた。毎週のように姉妹都市提携が新たに結ばれ、海外との交流への熱が高まっていた時代だった。

それを実施する地域の国際交流の中心的な組織として自治体のイニシアチブで設置されたのが国際交流協会である。筆者がかつて在籍していた兵庫県庁でも兵庫県国際交流協会が設立されたが、兵庫県海外協会という名称の組織を改組したものだった。

日本では戦前に引き続き、戦後も１９７０年代前半まで南米への移民は行われていた。移住が盛んだった兵庫県では、兵庫県庁が兵庫県海外協会を設立して南米へ送出した移住県民を支援する活動を行っており、筆者もその仕事の一部に携わった経験を持つ。このように国際交流協会の前身は南米への移民にかかわっており、その後、姉妹都市交流の時代を経て、現在は日本に在住する外国人（移民）の支援を行う機関として活動を広げてきた。

国際交流協会事業の時代ごとの変化を福島県国際交流協会に発足時から勤務した幕田順子氏は、『在住外国人の多様化と地域国際化協会の役割――（公財）福島県国際交流協会を例として』で詳しく述べている。ちなみに地域国際化協会とは、都道府県や政令指定都市が設置した国際交流協会を政府が認定した際の名称である。

１９８８年の発足時、福島県国際交流協会の目的として掲げられたのは「県民の国際交流に関する幅広い分野の活動を促進することにより、世界各国との相互理解と友好親善を深めるとともに、地域の活性化及び豊かな県民生活の実現に資すること」である。これは当時の国際交流協会にとっては標準的な文言といえるだろう。この当時には国際交流協会の役割には多文化共生は入っていないし、また当時は多文化共生という言葉も知られていなかった。

時代を追った協会の運営方針の変化を幕田氏は分析しているが、それによれば１９９２年度までは海外との友好親善のための国際交流活動事業が主流であり、93年度以降になると、在住外国人への支援や国際協力活動が加わるようになる。

福島県内では県の設置した協会以外に市町村が設置した国際交流協会も続々と生まれていく。福島県内で最も古い国際交流協会は１９８４年に設置された富岡町国際親善交流協会で、県の協会よりも前に設立されている。同県では２００２年をピークに38団体が設立される。その後、市町村合併等によって２００６年から減少が始まり、２０１７年には29団体となった。

福島県で在留外国人が目立って増加を始めるのは１９９０年代後半であるが、県内で民間の日本語教室は早くも１９８７年に「福島国際交流の会」によって始められている。日本語教室の数はその後増え続け、２００９年には行政、民間を合わせて39か所とピークを迎えた。その後、減少期を迎えるが、その理由は在留外国人の減少よりむしろ、一つは日本語教室の担い手の高齢化によると考えられると幕田氏は分析している。また国際交流関係事業の財源の減少も影響しているのだろう。

国際交流がブームであった時代が過ぎ、また自治体の財政状況の悪化が常態化する時代を迎え、自治体による国際交流協会の事業費も激減した。福島県国際交流協会を例にとると、1995年に経常費用は1億5000万円とピークを迎え、その後、減少が続き、2010年代はほぼ4000万円台と3分の1にまで減少している。市町村レベルの国際交流協会の事業費も同様の傾向と考えられる。

震災後も増え続ける福島県の外国人

一方、福島県内での外国人の数は1988年から2000年の間に3524人から1万919人へと約3倍に増加し、年平均増加率は10・8%に達している。国籍別で見ると中国・台湾の約2500人、フィリピンの2300人、ブラジルの1200人となっている。興味深いのは在留資格別では日本人の配偶者等が約2600人の増加と全体の約4割を占めることだ。山形県等で見られた自治体による国際結婚の斡旋の影響があるのかどうかは不明だが、福島県でも国際結婚が増加し、2001年のピークにはその件数は650組に達している。その内訳は中国、フィリピン出身者を妻とするケースが大半を占めている。

福島県国際交流協会では増加する外国人に対して、1990年代前半に「日本語教授法入門講座」を開催し、「外国人のための生活相談会」を開始した。2002年には初めて常勤の中国出身の相談員を雇用し、中国語による生活ガイドブックの作成を行った。2006年にはタガログ語、韓国語、ポルトガル語の週一回の相談窓口の設置が始まった。

さらに2007年には6か国語のリーフレット「大きな地震に備えるために」が発行されている。2009年度以降は英語に加えて中国語での生活情報誌の発行、「ふくしま多文化共生サポーターエンパワメント事業」として、「やさしい日本語」、英語、中国語による言語スキルアップを目指す活動が行われた。

そうしたなかで起こったのが2008年のリーマンショックそして、2011年の東日本大震災・福島第一原発事故である。リーマンショックによって在留外国人は年間7～800人減少したが、震災後には1年で約1700人の激減となった。

しかし、驚くべきことに2013年からは増加傾向に転じている。最も落ち込んだ2012年から2017年には約3700人増加し、震災前のピークであった2008年を上回る1万2977人を記録した。

ベトナム人、フィリピン人、ネパール人の急増によるところが大きく、在留資格では技能実習と留学がその多くを占めている。一般的には原発事故については風評被害が大きく、海外でも「フクシマ」はよく知られているにもかかわらず在留外国人が増加しているのはなぜだろうか？

留学の実態は明らかではないがおそらく就労を目的とするデカセギ留学も多いのではと思われる。震災後に発生した深刻な人手不足を補うかたちで外国人労働者の増加が福島県では見られると考えてよいのだろう。

外国人は福島県の地域社会を支える貴重な働き手であるのと同時に、一方で、増加の多くは、技能実習生であり、デカセギ留学生であると推測される。それが事実であれば、福島県の将来につながる増加ではなく、単なる一時的な労働者としての外国人の増加といえるだろう。これは福島県に限った問題ではないが、少子高齢化が進む日本においてどのような人材を求め、受入れ体制を整え、定住に結びつけるべきか、本格的な受入れを考える時期を迎えているということだろう。

外国人を呼び込む自治体

自治体では増加する外国人への支援活動として多文化共生に取り組んできた自治体も多かったものの、人口問題への対処として外国人住民を考える自治体はほぼなかった。つまり、意図的に外国人住民を増やす、あるいは呼び込もうと考える自治体は極めてまれだった。

過疎化に悩む広島県北部の安芸高田市では浜田一義市長自らが外国人受入れの必要性を主張してきたが、多くの自治体にとって地方創生こそが人口維持の王道であり、外国人受入れは一種の邪道だったといってよいだろう。

しかし、人口減少、人手不足が深刻化した2018年にそうした状況は大きな変化を遂げた。筆者のもとにも、山形県の市長が訪れ、「地方創生に全力で取り組んできたが人口減少は止まらない。このままでは町が維持できない。どうすれば外国人住民を増やせるか?」という相談に訪れるようになった。「外国人が増えると治安が悪くなる」と考えていた自治体にとって大きな意識変化が近年、起こりつつあるといえるだろう。

県レベルでは外国人定着に向けて組織の改革も行われるようになった。群馬県では「外国人活躍推進課」が創設され、岐阜県でも「外国人活躍・共生社会推進課」が作られた。また山梨県では外国人留学生の県内定着促進とともに、外国人材の受入れ促進施策の総合調整を行う部署として「外国人材受入支援課」が創設された。鹿児島県の「外国人材受入活躍支援課」には「ベトナム人材受入推進班」まである。

民間任せにしていては介護人材の不足に対応できないと、首長が海外に出かけて人材確保に乗り出す動きも始まった。

千葉県の森田健作知事は2019年3月、ベトナムを訪問し、労働・傷病兵・社会問題省副大臣と会談し、同国の介護人材の県内での就業を促進させるための覚書を締結した。さらに、ハノイ市内の日本語学校5校と事業協定を結び、県内で働くことを条件に、学費や留学費用などを支援する県独自の留学生受入れプログラムの実施を決定した。来日するベトナム人青年は、県内の日本語学校に在籍し、介護福祉士養成施設で研修を行い、介護福祉士の資格取得を目指す想定だ。

横浜市も同様の動きをしている。横浜市は2018年7月31日、ベトナムの3都市及び5つの大学等と介護人材の受入れに関する覚書を締結したと発表した。来日するベトナム人留学生は、最初に日本語学校に通うことになるが、その学費を受入れ施設と市が折半で負担する。その後2年間かけて通う専門学校の学費には、神奈川県の奨学金160万円を充てる。留学生は就学中、市内の高齢者施設で週28時間ほど働く。国家資格を取得したあと、社員としての勤務を5年間続ければ奨学金の返済は免除されるというものである。家賃の補助や生活の困りごとに関する相談や国試対策などのサポートも行う条件になっていた。コロナショックに対して対応が遅れがちな政府に対して、一部の自治体の先進性が評価されたが、外国人受入れにおいても同様のケースが存在している。

ドイツの経験

ヨーロッパでの外国人受入れはどうか?　実はヨーロッパでも日本と同様に応急処置的な外

国人受入れ制度をとってきた歴史がある。現在は方向を変えているがその例をドイツに見てみよう。

ドイツは30年間の政策不在という点で日本と類似している。ドイツでは復興期の１９５０年代、人手不足から近隣の欧州諸国、そしてトルコから大量のゲストワーカーを受入れた。１９５０年代後半から73年にかけて人手不足から大量のトルコ移民を受入れている。当初は認めていなかった家族帯同もなし崩し的に容認。しかし「移民受入れ国ではない」立場を貫く政府は、彼らに対してほとんど手立てを講じてこなかった。その結果、ドイツ語も満足に喋れない、社会に馴染めずドイツ社会に反発を感じるトルコ系移民2世、3世が激増した。そのことが、後に一部の移民青年によるホームグローンテロと呼ばれるような深刻な移民問題へとつながったとされる。移民とドイツ人との間の相互不信、確執を招くことになったのである。

そこでドイツは２００４年に移民法を改正し、移民の社会統合へと舵を切った。２００５年に移民法が施行され、そのなかで、移民には「統合コース」の受講が求められるようになった。

統合コースは、ドイツ語を学習する「言語コース」と、ドイツの法制度、文化、歴史などを扱う「オリエンテーションコース」から構成される。言語コースは、基礎言語コースと上級言語コースに分かれ、それぞれ３００時間があてがわれる。オリエンテーションコースでは、当初より時間数が増えて現在、１００時間の学習が行われている。

統合コースの受講が義務づけされているのは（１）新たに移住してきた者で、簡単な仕方でもドイツ語を口頭で理解できない、あるいはまだ十分なドイツ語の知識を使えない者、（2）特別に統合の必要性を持ち、外国人所轄庁により受講を要請された者、（3）社会法典第Ⅱ編（SGBⅡ）による給付を受給しており、長期間就業が困難な者に与えられる生活保障の所轄機関からドイツ語の知識の欠如ゆえに受講を要請された者、となっている（木戸芳子「移民のためのドイツ語教育──統合コースとドイツ語試験」東京音楽大学『研究紀要』2017年）。

2015年の時点で統合コースの新規受講者は17万9398人に上るが、うち7万7730人が受講義務者であり、それより多い10万1669人は難民申請者やすでに長期にわたりドイツに住んでいるものの自主的に学習を受けたいと申し出たものとなっている。ほぼ18万人を対象とする統合コースであるが、その学習を提供する事業所の数は全国で1443に上り、最も多いのが市民大学と呼ばれる組織であり、他に語学学校、教育施設、教会系の施設などさまざまな組織がかかわっている。また受講者の背景の違いによって、非識字者のコースや青少年向けのコース、親や女性を対象としたコースなどのバリエーションがある。

受入れの費用対効果

ドイツや韓国では在留外国人に対してそれぞれの言語教育を行うことが政府の業務の一つとなっており、また言語学習を強く求めてもいる。つまり、ボランティアに言語教育を任せるの

ドイツにおける難民に対する建築の職業訓練の様子（2016年9月筆者撮影）

ではなく、政府の責任で教師を雇い、全国に学校を設置してそこで外国人が言語を学んでいるのである。

多大な費用をかけて、なぜそこまでする必要があるのか？　それは外国人がその国に定住するとすれば、言語ができなければ結局、お荷物になってしまい、社会の負担になる。彼らの本来持つ能力を引き出すには語学能力が必要不可欠であり、それによって彼らは社会に貢献する人材になり得るという発想に立つからである。つまり投資するに値するコストという見方をしている。日本では外国人は一過性の在留者という認識に立ってきたため、現実には定住する外国人が多く存在しながらも、日本語教育がおざなりになってきた。

一方、ヨーロッパ、アメリカでは反移民、反難民の動きも見られるが、グローバル化に対する反発ゆえといわれる。では今後、日本も同様になるのだろうか？　日本は幸か不幸か、これまでやせ我慢をして大量の移民を受入れてこなかった。難民を含め人口に占める移民の割合が10％をはるかに超えるヨーロッパ各国と比べればその割合は2％と極めて少ない。

ヨーロッパと日本の大きな違いは、日本は人口減少に伴う人手不足という長期トレンドのなかで実質的な移民が増加していたことである。外国人労働者と受入れ国側の労働者が職を奪い合うのではなく、むしろ、外国人労働者がいなければ人手不足による倒産が深刻化する状況の下で２０１８年末に政策変更が行われた。また30年間の政策不在の問題はあるものの、幸い在留外国人が社会の不安定化を招く状況にはない。

一方、外国人は単に人手不足を補うだけの存在ではない。日本人とは異なる環境のなかで育ち、異なる経験、価値観、ネットワークを持っている。日本社会が同調圧力によって閉塞感が強まるとすれば、増加を続ける彼らはそれを転換する役目を果たすだろう。つまり彼らのもたらす異なる視点や発想から、製品や経営のあり方について見直しが行われ、それは各企業にイノベーションをもたらし、再活性化につながる可能性が広がるのである。その意味で、外国人労働者は単に人数合わせのための存在ではなく、その異質性ゆえに社会にイノベーションを引き起こす役割を担うだろう。

人口減少が進む未来の日本で外国人の受入れを巡ってどのような状況が起き得るのか？　次章では２０２５年の日本の状況を想定して話を進めたい。

第6章

未来予想——成功を導くために

外国人の受入れが本格化したとき、日本はどのように変化していくのだろうか？　重要なことは2019年4月に始まった新たな外国人受入れ政策はあくまでもスタート台に立ったに過ぎないということである。幸か不幸か、新たな方針が定着を始めるときにコロナショックが起こり、全く新しい状況が出現した。

日本の今後のあり方を考える上で、成功に導く2025年の近未来ケースを想定して将来を展望してみたい。未来から過去を振り返ることで、何が成功の秘訣なのかをじっくりと考えてみよう。

成功例——地域に定着した外国人

コロナショックが去り、長く続いていた海外渡航の制限が解かれて数年後の2025年。地域社会では新たな動きが始まっていた。

「お、また新しい起業の申請か。なかなか調子がいいぞ！」。ここはA市にあるスタートアップカフェ。店長の声が弾んだ。カフェといってもA市が運営するれっきとした役所の出先機関だ。しかし、ちゃんとカフェも併設され、だれでもが入りやすい雰囲気になっている。

A市では2020年代に政府が開始したスタートアップビザ（外国人創業活動促進事業）を積極的に活用していた。それが功を奏して2025年までに市内で100名以上の外国人が起業していた。外国人による口コミで世界中から「日本で起業するならA市」という評判を聞きつけてスタートアップカフェへの世界各国からの問い合わせが途切れない状況となっていた。

20年に発生したコロナショックでは日本に住む外国人の帰国によって一時的に在留外国人は減少した。ようやくここ数年、日本で学び働くことを目的に入国する外国人が増加するようになった。こうしたなかで、日本に在留する外国人の力をさらに発揮してもらおうと全国でさまざまな試みが行われた。今から紹介するA市の取組みもその一例である。

A市では外国人起業のためのインキュベーター・オフィスの安価な提供や、地元の企業の紹介、大学との提携による人材の斡旋など、外国人によるビジネス展開を拡大するための事業を積極的に進めてきた。また外国人の起業を支援する地域に根ざした金融機関である信用組合の力を借りて、事業の実現を図る体制もとられた。

25年にはA市以外の大都市でも受入れに向けての本格的な取組みが実施されていた。すでに外国人が多く住んでいる地域では多文化共生の活動が自治体やNPOによって根づいていた。市民や自治体が運営する日本語教室が全国各地で活動し、また行政サービスの「やさしい日本語」や多言語化など外国人の生活上の課題に対応するための相談窓口の設置などが行われていた。当初、政府はそうしたサービスに対して責任を持っていなかったが、18年末の「外国人材の受入れ・共生のための総合的対応策」の発表を境に政府が財源を含めて積極的にかかわるようになり、より充実した対応が行われるようになった。

バブル景気の崩壊以降、日本では将来に対する悲観論が広がっていた。個人所得が伸び悩み、またその一方で少子高齢化が進み深刻な状況を呈し始めていた。近い将来、人口激減時代を迎えることから日本の先行きに対して不安視する声が多かった。そして２０２０年に起こったコロナショックと続き、悲観論が広がってもおかしくない状況だったが、日本は見事にそれらの懸念を覆した。そうした悲観論が徐々に消え始めたのは、日本がコロナショックの前から特定技能という新たな在留資格を創設する新政策が始まっており、その後、それが本格化な受入れ政策へと進化していったためである。

市長の積極姿勢

さて、A市がまず着手したのは、市内のどれだけ多くの企業が新たに創設された在留資格によって外国人の受入れを行う予定かを調査したことである。その結果、当面は40社、６００人であることが明らかになった。

A市は受入れを実施する企業の責任者を集めた。そこでA市として受入れる外国人をA市への新たな市民として歓迎すること、また多文化共生を担当する市の職員が受入れの際には各社を回り、市長から託された「A市市民になる海外からの皆様へ」と題する多言語と「やさしい日本語」で書かれた歓迎のメッセージを全員に手渡したい旨を伝えた。多数の外国人を雇用することになった一部の大手企業にはA市長自ら出向き、外国人青年を激励した。

こうしてA市では市長を筆頭に積極的な姿勢を示したことによって、企業もこれらの来日する海外の青年に対する態度が徐々に変わっていった。定住を前提に彼らを受入れ、育てていこうという方針に切り替わったのである。その結果、家族帯同を認めて移住が可能となる特定技能2号を目指す若者が目に見えて増加した。「地域に歓迎されている」という思いと自信が外国人青年に広がり、彼らの期待に応えようと地域のボランティア活動に参加する日本人も増え始めた。

一方、A市では従来から在住する外国人に対してもさまざまな活動を見直すとともに、各種の事業に力を入れ始めた。

日本に住む外国人にとって日本語の習得は重要であるものの、勉強する場所がなかったり、自分の学力に適したクラスを見つけることができず、脱落してしまう外国人住民がこれまで多かった。日本語は世界でも習得の極めて難しい言語の一つである。それを習得するには多くの時間を要する。しかも、日本語ができなくては企業への就職もままならない。

従来は民間の日本語ボランティアによる地域での日本語教育が中心だったが、政府は新しい体制を整えた。日本語の初歩から簡単な漢字交じりの文章が理解できる程度までは政府が資金を提供する専任の日本語教師が教える体制が全国レベルで整えられた。さらに上級のレベルは従来からのボランティアを中心とする既存の日本語教室が中心的な役割を担うとするという役割分担が行われた。

またインターネットによる遠隔での日本語学習も推奨された。Ａ市では政府の資金による一般的なクラスに加えて、遠隔地数か所にも教室を開設し、市内に暮らす外国人が日本語学習ができる体制を整えた。また外国人に対して、日本語学習の上達に応じて表彰する制度を整え、また多くの企業は報奨金を出した。

大人の学習者に加えて、来日したことによって日本語の特別な学習を必要とする学齢期の子どもたちのために、学校での支援体制の強化が図られた。さらに地元企業による奨学金制度、またいじめの問題などに悩む子どもたちへの居場所づくりやカウンセリングなどの体制も整えられた。そうした事業の充実には外国人の声を直接聞くとともに、外国人と長年、寄り添って支援を行ってきたＮＰＯや地元の日本語教師の声が反映された。

Ａ市ではこうした体制が整えられたものの、一方、小規模な自治体では、外国人受入れについて不安が根強かった。地域には少数の外国人はいたもののその多くは日本人の配偶者や在日コリアンで、日本語が不自由なく話せる人がほとんどだった。しかし、新たに外国人を受入れるとなると話が違う。

重要なのはまず、地域に住む外国人の実態を把握することであり、彼らから生活上の課題などについての意見を聞くことである。自治体は地域に住む外国人を住民基本台帳の記載によって把握しているが、彼らの生活の実態についての情報が自動的に入ってくるシステムはない。

そこで外国人の支援にかかわるＮＰＯや日本語教室のリーダーなどから地域のなかで活躍す

る外国人やリーダー役の外国人にアプローチして、外国人自身が地域社会をどう考えているのかを知ることが行われた。しかし、人口減少が進んだ地域ではそうした組織もないところも多く、そうした場合には自治体の職員が外国人住民に直接、聞き取りを行った。

次は彼らから出された意見に基づき、生活上の不便や課題に対して対処することである。例えば来日した外国人が家を借りようとすると外国人お断りという大家も多かった。また銀行口座やクレジット口座の開設、また携帯電話の加入も外国人であるという理由でハードルが高い。日本で生活する上での基本的なインフラを整える必要があった。A市では外国人から出された生活上の問題点を洗い出し、一つ一つ解決のために地元の企業などに働きかけた。

こうして外国人受入れを熱心に進めてきたA市は周辺の自治体に対して、これまでの経験を伝え、起こり得るさまざまな問題とその対処法を伝えた。30年以上にわたる多文化共生事業を行ってきたA市には外国人住民に関してほぼどのような問題が起ころうとも対処できるノウハウが蓄積されていた。

独自のスローガン

A市長は、外国人に対する各種のサービスを提供するだけでは不十分と考えていた。多文化共生の対象は外国人ばかりではない。一般住民に対してしっかりした広報、啓蒙活動を行うことも必要不可欠である。

市長による「今後のA市の発展には外国人住民の存在が欠かせない。これからは日本人も外国人も一体となってまちづくりを進める」というメッセージが、２０２３年の正月版の市の広報紙の一面を飾った。それは振り仮名がふられ、外国人にもわかりやすい「やさしい日本語」で書かれていた。

A市ではさらに独自のスローガンを考えた。「外国人住民との共生で創るA市の未来」というのがそれだ。これからは外国にルーツを持つ人々を積極的に受入れ、彼らとともに地域づくりを行う時代が来たことを一般市民に提示したいという市長の考えに基づくものだった。

またA市同様に、多くの自治体が外国人や日本人住民に対する対応を始めたが、自治体では地域で活躍する外国人を自治体の広報誌で毎号取り上げ、多くの住民にとって見えない存在であった外国人の地域での活躍の「見える化」に取り組んだ。取り上げられた外国人が喜んだのは当然だが、さらに外国人自身が地元をよくするために彼ら自身が話し合う活動も始まった。

在留外国人基本法

一方、政府は多文化共生政策をより充実したものにしていくために立法化の検討を始めた。２０２２年のことである。その結果、同年には在留外国人基本法が制定された。この法律では、外国人の権利と義務、そして外国人の日本での活躍を促すための日本語教育や生活支援の基本原則が提示されるとともに、日本人に対しても外国人との共生に向けた新たな社会づくりにともに参画する必要が謳われていた。

また外国人の生活の実態を知るために、各種の新しい統計の整備が行われた。これまではそもそも外国人についての統計は極めて不完全であり、彼らの生活の課題を客観的に推測することは困難だったからだ。こうした政府の積極姿勢は海外からも高く評価され、また有能な外国人が日本への入国を目指す動きが一層、活発化した。

技能実習制度では外国人労働者は安い労働者として一般に認識されていた。しかし、コロナショック後、外国人の出入国が厳しく制限されると、「一時的な安価な労働力を自由に手に入れる」ことを前提としていた技能実習制度の見直しが行われ、代わりに特定技能制度の拡充が図られた。

特定技度制度が定着すると、外国人労働者は日本人の若者と同等かあるいは同等以上に責任感があり、熱心に仕事をするので雇用したいと企業は考えるようになった。

技能実習制度で染みついた「外国人労働者イコール低賃金」というイメージや期待を払しょくするにはある程度時間はかかった。また技能実習制度のもとで低賃金の外国人労働者を雇うことで経営を成り立たせてきた企業のなかには、低賃金労働に依存しないためのＩＴ化などの経営の合理化を迫られた。しかし、その一方で、外国人を正規の労働者として受入れ、安定した雇用状況が達成された企業は継続して発展する土台が生まれたため、地域経済全体にとってはプラスに作用した。

外国人介護士への支援

Ａ市ではかつては介護の人材確保に苦労していた。増え続ける高齢者に対して、介護施設が少なすぎ、また新たに施設を建設してみたものの人手不足によって3割しか定員を埋められない状況が続いていた。しかし、外国人介護士が増加したことによって、深刻な状況からようやく脱しつつある。

介護に従事する外国人には日本語能力が必須である。そこで来日前に一定レベルの日本語能力が確認された人材の受入れを行い、受入れた人材に対して各施設では継続的な日本語教育の支援体制がとられた。

こうした体制は施設だけがかかわったのではない。地域のある日本語学習を行うボランティア団体が協力し、プロの日本語教師だけでは補えない日常生活のさまざまな言葉や地方の文化なども日本語ボランティアが積極的に教える役割を担った。

また日本人の介護士も、外国人の出身国の文化を学ぶ機会が設けられ、相互理解とコミュニケーションが図られるようになった。同時に施設ではＩＴを活用した介護分野に特化した翻訳機や、患者ごとの容態を記録した申し送り書である介護記録の管理においてＩＴソフトと機材の導入が図られた。音声入力と翻訳ソフトも充実が図られ、外国人が苦手な漢字交じりの記録を手書きする必要がなくなった。

さらに外国人介護士が抱えるさまざまな悩みや相談に対応するために専門の外国人介護士相

談員が地域の介護施設を巡回してそれぞれの悩みに応える体制も徐々に整った。また政府も介護士の給与を徐々に引き上げた。その結果、一時、介護職は外国人介護士に席巻されるのではと思われたが、介護士を目指す日本の若者も増え、バランスのとれた配置が実現されるようになったのは、日本人、外国人双方の介護士にとって朗報だった。

多文化交流カフェ

A市では外国人と日本人住民の交流を図るために、多文化交流カフェが作られた。そこでは外国人が日本語を学んだり、あるいは日本人が外国語を学ぶ姿が見られた。また外国人に日本の伝統文化を教えることや逆に外国人が海外の文化や料理を教えることが行われた。カフェというだれもが立ち寄れ、気楽に会話できる雰囲気のなかで自然なかたちで交流するというのが多文化交流カフェのコンセプトだった。

また学校でも異文化理解や異文化コミュニケーションが授業に取り入れられ、子どもたちにとって外国人、異文化は日常生活の一部になっていった。

政府も「やさしい日本語」の拡大を支援することになり、日本人に対して「やさしい日本語」講座が全国で行われるようになった。役所が外国人住民に対して文書で知らせるときに利用されたり、窓口での対応に使われるだけではなく、地域社会のなかで、自治会や消防団などでも「やさしい日本語」講座が自発的に行われるようになった。

日本側の積極的な姿勢に対して、外国人も日本社会に溶け込もうとしている。高齢化した地域社会のなかで外国人の若者が消防団員となり、地域の防災の担い手となる例も増えている。

すでに、外国人だけの消防団が滋賀県草津市にはあった。外国人の消防団員は語学力などを駆使し、地域に暮らす外国人に対し、有事での避難誘導や防災に関する啓発活動を行うのがそのときの仕事で、中国、韓国、ベトナム人らが参加していた。今では日本語が流暢な外国人も増加し、一般の日本人とともに地域の災害の現場で活動する外国人消防団員も増えた。

外国人は社会に受入れられたい、日本人に認められたいという強い気持ちを持っている。そうした意欲をしっかりと受け止めた地域社会でさまざまな活動が活発化していった。外国人住民は自治体から自分たちが注目されているのを知り、自分たちが地域の住民として期待されていることに対してうれしく感じた。

一方、日本人の住民に対して、地元にいる外国人のさまざまな仕事ぶりや経済貢献について具体的に数字で示すことに市役所は力を注いだ。その結果、数字の上でも、外国人住民がいなくてはすでに地域社会が回らないことが一般の市民にも十分に理解されるようになった。

日本が移民受入れに成功したのは移民の立場になって受入れ政策を考えたことが大きいだろう。以前から多文化共生に取り組んできたＮＰＯや人権団体ばかりではなく、人口減少の将来を憂う自治体や経済団体を含むさまざまな組織やメディアの声を受けて、コロナショックを契機に方向転換の議論が活発化し、政府は外国人の定住化のための政策へと転じた。それは海外にも広く報道され、人口減少によって日本の衰退を想定していた世界の人々を驚かせた。

外国人の日本での活躍を見ると、外国人と日本人との相乗効果が発揮されているようだ。受入れ体制を整えることで世界各国がうらやむような高度な知識人や起業家が日本へ入国し、在留を希望するようになった。おかげで、かつては海外での人集めに苦労していたが、現在では高度な人材を選別して受入れられるようになった。国際的に見てより競争的な制度になったのである。

変化する日本企業

ビジネスの面でも外国人の活用が本格化されていった。当初、企業は、外国人は日本人が採用されない場合の補完的な位置づけとしていた。しかし、日本人以上に優秀な外国人青年が多くいることが次第に理解されると、優秀な外国人を採用するための従来にない対応をし、また採用後も彼らのために特別な体制をとり始めた。

以前は企業は留学生の採用時には日本語能力を最優先にしていた。日本語能力試験のN1（5段階で最も難しい）を取得している留学生を最優先し、N1を持たない留学生は採用の見込みがない状態が続いていた。しかし、それでは日本語の能力は優れていても仕事で必要とされる能力や潜在力が低い学生も優先してしまうことになる。

そうしたことに気づき始めた企業は「N1しばり」をはずした。その結果、N2レベルの学生のなかに極めて優秀な学生がたくさんいることに気がついた。さらに外国人学生を積極的に採用したいと考えた企業のなかには、「やさしい日本語」を積極的に導入するところも現れた。その情報はあっという間に全国の大学に流れた。外国人に歩み寄らせるのではなく、企業が外国人に歩み寄ろうとしていると評判になった。その結果、優秀な学生が大挙してその企業を目指すという結果となって現れた。一方、N１にこだわる企業は柔軟性のない古い体質の企業として留学生からそっぽを向かれるようになった。

また採用した留学生の処遇についても大きな変化が起こった。

従来、大企業では係長に昇進するまでに10年以上かかっていた。そして人文系の学生が就く事務職では、専門性を求められるのはほんの一握りで、「つぶしのきく」ことが第一とされた。しかし、外国人は自分の専門性を高めたい、より早く役職につきたいという希望を持っていた。また事務所掌（ジョブディスクリプション）が不明というのも多くの日本企業の特色だが、これも外国人には不人気だった。自分の仕事の範囲が不明確であれば、際限のない超過勤務になり、専門性も高められないというのがその理由だった。そうでなくとも日本の企業は「カロウシ」や長時間労働で世界に知られている。給与がそれに見合った額であればよいが、世界的に見て日本の企業の給与はすでに見劣りしていた。

そんななか、留学生の希望にいち早く応えたのは大企業ではなく中小企業だった。社長の決断で臨機応変な対応が行いやすい中小企業では優秀な外国人に対してボーナスを与え、また役職面でも配慮がしやすい。その結果、外国人も一層張り切って働くという結果が生まれていた。

　中国人の留学生で中国での販売を一手に任された人物は誇りを感じ企業のために尽くそうと考えた。また理系の留学生は日本語能力はそれほどでもなくとも、専門領域では他の日本人の社員が舌を巻くほどの高いレベルの専門知識と学習意欲を持っていた。そうした人材を積極的に活用できる企業は成長を続けることができ、外国人材の活用の重要性がだれの目にもわかる時代になってきた。

　高齢化が進み始めた近隣の諸国も外国人の受入れに積極的に取り組み始めた。なかには日本よりも高い給料を出す海外の企業も増えたが、日本の人気は衰えなかった。長年、地域社会で取り組まれてきた多文化共生という経験があり、それが政府の政策変更ののち、さらに洗練されたかたちで発展し、外国人にとって「日本がふるさと」と感じられるような環境が醸成されていたからである。

　また外国人の起業が急増し、そのなかから数千名の社員を雇う企業も現れ始めた。ソフトバンクを興した孫正義氏らが先達ともいえるが、彼に負けないバイタリティを持った青年たちが日本の活力の増進に大いに貢献をするようになった。

成功へのカギ

以上、外国人受入れが成功した日本の未来を一種、理想像的に描いてみたが、これを実現するためには何が必要なのか？　このストーリーから得られる教訓として何が挙げられるだろうか。

(1) 政府の明確な方針の策定

従来、多文化共生は市民、自治体任せで、政府は極めて限られた関与しかしてこなかった。外国人受入れ政策が成功するとすれば、政府による明確な方針と積極的な関与が不可欠となる。自治体やＮＰＯでは30年以上にわたり、多文化共生の経験を積み重ねてきた例も多い。そうした自治体等の持つ経験に基づき、必要な対策を政府がしっかりと財源面で支援することが求められる。またそうした経験のない自治体に対しては、多文化共生についての先進自治体からの経験の伝達が必要になる。そうしたバックアップ体制を政府はしっかりと構築することである。

一方、政府が支援を行う場合、地元の状況に配慮した対応が必要になる。例えば、ボランティアに支えられてきた在住外国人支援の活動に対して一挙に政府予算が流れ込むことで、資金が得られるＮＰＯと得られないＮＰＯ、また手当が得られるボランティアと得られないボランティアなど、資金流入による混乱が起こる可能性がある。多文化共生の担い手の分断や資金目的の新たなビジネスの参入なども考えられる。

脆弱なこのセクターの状況を把握した上での地域のイニシアチブを尊重した政府資金の分配のメカニズムが求められる。また同時に従来の枠を越えた新しいニーズに対応できるような活動も活発化する必要があるだろう。

(2) 自治体としての積極姿勢

人口減少が進む自治体にとって、外国人住民の受入れは極めて重要なはずではあるが、従来、日本人住民のことしか念頭になかった一部の自治体においては外国人の政策は後回しになりがちである。しかし、この例で見たようにA市においては市長以下が外国人の視点を考えながら外国人受入れに対して積極的に動いている。そうした能動的な姿勢は外国人にも必ず伝わるものであり、それに応えようと外国人も考えるようになる。そうした好循環につながるイニシアチブを自治体はとるべきである。

外国人の受入れの現場となる自治体の役割は数多い。行政・生活情報の多言語化や「やさしい日本語」化、医療通訳の拡充、外国人児童の就学促進等、究極的には外国人の一生のライフスタイルに即したさまざまなサービスの展開の可能性がある。そうしたなかで、ニーズの高いものを見つけ出し、順次体制を整えていく必要がある。

(3) 日本語教室の充実

日本語教室が開設されていない空白地域が全国に存在し、また日本語教室がある地域においても、外国人住民すべてのニーズに応えられているわけではない。さまざまな地域に外国人が散在する場合、市の中心地域で日本語教室を開催するだけでは不十分になりがちである。意欲のある外国人に対してはオンラインでの日本語授業を行うなど、遠隔地での日本語教育についても対応をとるべきである。

またその町に住む外国人の人数や国籍は把握されてはいるが、日本語能力は不明であるケースがほとんどである。アンケートなどによって、日本語のレベルなどを確認することで的確なニーズの把握に努める必要がある。また最終的には、政府、自治体は、日本に定住する外国人に対して、来日後2年以内でN4レベルに達することを目標として日本語教育を拡充するなどの目標設定が必要だろう。

(4) NPOとの協働

地域では日本語教室を自治体とともにNPOや日本語教師のグループが運営しているケースが多い。そうした活動にかかわる人たちに光を当てることが必要である。ボランティアの多くは高齢であることも多く、NPOの持続性のためには政府が財源を確保し、自治体を通して支給することも必要となろう。NPOの自発性や従来の活動を尊重したかたちで、継続的に活動するための基盤強化につながる支援が求められる。

ヨーロッパから日本を訪れた外国人受入れの分野で活躍する専門家は、日本の自治体やNPOの活動に深く感銘を受ける。それは政府の政策のないなかで、乏しい予算という制約にもかかわらず、日本では30年近く外国人受入れのための地域社会での地道な取組みが行われてきたことに対する敬意ともいえる関心である。

韓国の専門家の見立てでは、韓国では日本と比べて格段と予算を含めて政府の制度が整い、さまざまな事業が展開されているが、ややもすると上から下へ、事業さえ行えばよいということになりがちだという。一方、日本では外国人に寄り添ってさまざまな活動が各地域で自発的に発展し、工夫されていると指摘する。

その意味で、日本においても政府の関与は必要不可欠であるが、政府はその責務として在留外国人の日本での生活支援に関して全国的な一定水準の基準を作り、地域格差のないかたちで各事業の展開を図るとともに、自治体やNPOのこれまでの経験や自発的な活動を代替するのではなく、彼らの活動を側面から支援をすることが重要といえる。

(5) 住民の意識

外国人の受入れについて不安視する声、そして移民反対という意見も一部では根強い。そうした認識を持つ市民に対して、受入れをどのように理解してもらうのか、政府や自治体としての方針の策定が必要となる。

　この部分があいまいなまま残されていれば、在住外国人はいつまでたっても単なる一過性の滞在者としてしか見なされず、二級市民扱いされかねない。また一部の人たちの間にあるアジア人蔑視の考え方を修正していく取組みも必要となる。

　また外国人への支援が始まれば、住民の間から、日本人住民への支援が不十分ななかでなぜ外国人を優先するのかといった意見が出されることが多い。必ずしも外国人優先でないという事実をしっかりと説明するとともに、彼らの抱えている日本人とは異なる課題や日本への貢献についてしっかりしたデータで説明できることが望ましい。

　その意味で、外国人住民が例えば地場産業でどのように貢献しているのか、外国人による起業、消費その他のデータを集積して開示できるようにしておくことが求められる。直接的な経済効果以外にも外国人青年の増加による文化面や社会面での新しい発展も見られるだろう。現在、そうしたデータの集積や分析は全くといってよいほど行われていないが、そうした観点から外国人貢献の「見える化」を図る必要がある。

　外国人が地域社会に対して行う多様な貢献を明示することと同時に、愛知県や北九州市、熊本市で行われているような「多文化共生月間」の取組みも有効だろう。地域に在住する外国人の存在について一般市民の理解を深めるためのさまざまなイベントや日本語教室やＮＰＯの活動などの紹介も一緒に行われるべきだろう。

また多文化共生のシンボルマークを市民から募集したり、学校では毎年、防火ポスターの絵画と同様に多文化共生のポスターを子どもたちに描いてもらうというのもよいだろう。

そして重要なのは、国、自治体のトップの姿勢である。ドイツでは外国人住民に対する政府の歓迎の意思表示として「ウェルカムカルチャー」という言葉が頻繁に用いられている。これからは外国人を社会の一員として受入れ、彼らとともに地域づくり、国づくりをしていくという方針を明確に示すべきだろう。

(6) 外国人を地域社会に取り込む

日本に住もうとする外国人は日本人と知り合いになりたい、日本社会に溶け込みたいと通常は考えているものだ。ところがそのチャンスがなかなか見つからない外国人が多い。自治体や町内会で、地元のイベントやお祭りに外国人に積極的な参加を促したり、あるいは子どもがいる家庭であれば、学校のＰＴＡの集まりの機会などを利用して地域の活動に誘うべきだろう。

数年すれば、今後は日本に住む外国人自身が新しくやってきた外国人に対して、地元を紹介し、日本人との橋渡し役を買って出るようにもなる。外国人は地域社会に溶け込むのと同時に、同国人のコミュニティにも参加している。日本人の目には見えていないが、日本には外国人による国籍ごとのさまざまなコミュニティが存在し、コロナショックのような場合には情報伝達やセイフティネットの場として重要な役割を果たしている。こうした外国人コミュニティに対する政府や自治体による支援も極めて重要である。

(7) 日本社会の歩み寄り

外国人に対して日本社会に同化せよと頭ごなしに命じてもおそらく反発を買うだろう。むしろ、彼らとのコミュニケーションを深めるなかで、理由を説明しながら教えるべきことを教えていく必要がある。双方が歩み寄る姿勢がなければ対等な関係は築けないし、従属させられると考えれば不満も残る。日本人は気遣いや配慮が非常に上手と思われるので、そうした点を活かしながら外国人との接点を見つけ、合理的な理由がある場合には日本人側も歩み寄ることが重要だろう。

第7章

コロナショック後の外国人受入れを展望する

本書を執筆する2020年の7月時点でコロナショックは継続しており、その終息の見通しは立っていない。第二波への注意が喚起されるなかで、時期尚早ではあるが、大胆にコロナ後について考察してみたい。

筆者がかかわる国際交流についていえば、一時的にしろ、人的な交流は半世紀以前にまで時計の針は逆転するだろう。例えば1970年といえば、ジャンボジェット、ボーイングB747型が就航した年である。海外旅行は一般の市民にとっては手の届かない存在で、日本人の海外渡航者は100万人程度だった。2020年の日本人の海外渡航はそれをはるかに下回るだろう。

しかし、すべてが半世紀以前に戻るのではない。逆に一挙に前進する面もある。それはオンラインでの交流であり、近年、翻訳アプリが急速に普及したことにより、以前ほど言葉の壁を意識せずに海外の人々とメールの交換などができるようになった。ビデオ会議などでも同時通訳もできるシステムも開発された。国際交流の最大のネックであった言葉の壁がなくなることのインパクトは極めて大きい。

とはいえ、国境を越えた人的な往来が激減することは極めて大きな経済的な損失を生む。観光業は極めて大きな打撃を受ける。また外国人労働者の受入れも極めて限定的にならざるを得ない。技能実習制度は海外から安価な労働者が自由に手に入るという前提で増加してきたが、その前提が崩れることになるが、特定技能制度への移行を着実に実施すべきだ。

第1章で述べたように、日本では２０２０年代には従来に増して人口減少が加速し、２０２５年には団塊の世代がすべて75歳以上となって、社会を支えていた側から介護を受ける時代へと入っていく。コロナショックによって失業が増えることも懸念されるが、中長期で考えると、人材不足は解消されず、また少子高齢化の進展で極めてレジリエンスの低い社会になっていく。このままでは長期低迷のスパイラルに入り込む。

コロナショック後の日本経済の回復について、日本経済研究センターは２０２０年7月1日、驚くべき経済予測を公表した。

２０２０年度以内にコロナ危機が収束しない場合の「悪魔のシナリオ」では、20年度の日本の成長率はマイナス８・５パーセントまで落ち込む。その後、緩やかな回復に向かうが、２０１８年度の実質ＧＤＰのレベルまで回復することはなく、あとは減少が続くという。日本のＧＤＰの絶頂期は２０１８年であり、将来、減少し続けるのみというショッキングな内容だった。では20年度内に国内のコロナ危機が収まるという「標準シナリオ」ではどうか？ 21年度から経済回復が始まり、コロナ拡大以前の水準には24年度に戻るという。しかし、32年度にピークを迎えた後、人口減少等によってやはり終わりのない減少期に入る。

つまり、標準のシナリオでも、日本経済は10年程度先に最高水準に達した後には減少期に入り、その後増加に転じることはないというのである。標準シナリオですら日本にとっては「悪魔のシナリオ」ではないだろうか。

イノベーションと意識改革

日本の経済は人口減少によって発展を阻害され、低迷期へと向かう。残念ながら日本の人口減少は加速するスパイラルに入っており、もはや政策で止めることが不可能なレベルになっている。では移民の受入れによって人口減少を止めることは可能だろうか？

残念ながらそれは不可能だろう。なぜなら、今後、年間50万人以上日本人の数は減少し、さらにその減少幅は拡大していく。現時点で年間50万人以上の移民を十分な準備なしに継続的に受入れることは無謀であり、もしそうなれば社会に大きな問題をもたらすだろう。

しかし、人口減少そのものは止められなくても外国人の受入れは大きな経済効果と社会の活性化効果が期待できる。それは外国人のほとんどが日本で学び働くことを希望する若い人たちであり、10代後半から30代が大半となる。数十万人の若い世代の外国人をピンポイントで受入れることは社会の活力の増進に大きな意味がある。

外国人は人手不足の日本で単に労働力と期待できるだけではなく、さまざまな分野で日本社会の刷新に貢献する人材といえる。

すでに多くの分野で活躍する姿は見られるが、地方政治に新風を巻き起こした一人に愛知県犬山市の市議会のビアンキ・アンソニー議員がいる。ニューヨーク出身の同氏は日本の学校で英語を教えるＪＥＴプログラムで来日。ＪＥＴプログラムの契約が終わってからも犬山市市役所教育委員会に勤めて独自の英語（NET）プログラムを作成し、外国人講師を犬山へ招へいするなど活躍した。彼を悩ませたのが「前例がない」という言葉だったが、「前例より前進」をモットーに取り組んできたという。

日本で結婚、帰化し、犬山市議会議員に当選した。同氏の改革の意欲は市民、他の議員からも一目置かれ、アメリカ出身の市議会議長が生まれた。その彼が取り入れたことで全国的に注目を集めたのがアメリカで行われている「市民フリースピーチ制度」である。

フリースピーチ制度とは、市議会の定例会中に議場で住民が議員に自由に発言できるというもので、対象者は市内在住、在勤、在学者が参加でき、1人5分以内で発言できる。この市民の意見について市議会はその後の全員協議会などで議論することになる。年齢不問で幅広い世代が自由に議員の前で意見を述べることができるという日本にはなかった制度である。この制度によって市民の政治への関心が高まると同時に、市議会も市民目線での意見をくみ取ることができるようになった。

アンソニー議長の発案で始まったこの制度は、日本最大規模の政策コンテスト「マニフェスト大賞」で第13回マニフェスト大賞グランプリを2018年に受賞した。

こうした地方議会のイノベーションともいえる取組みが成功したのは、犬山市の議会が帰化したとはいえ海外出身のアンソニー氏を受入れ、その才能や努力を認めて議長として選んだからともいえる。いくら有能な外国人であっても日本社会が彼らを受入れる素地がなければその能力を発揮することはできない。その意味で日本社会も、出自にかかわらず能力を認めてそれに見合った対応するという姿勢があるといえる。

しかし、アメリカ人でしかも白人だから社会が受入れたのではないか？という疑問もあるだろう。従来はそうした考え方が根強かったが、社会が変わりつつあることを思わせるのがマンガ学部で有名な京都精華大学の学長にアフリカ・マリ共和国出身のウスビ・サコ教授が就任したことだろう。

１９９１年に来日し、京都大学大学院で工学の修士号と博士号を取得した。２００１年に京都精華大学に人文学部講師として採用され、その後、２０１３年には学部長に就任した。アフリカから留学生として来日したサコ氏が大学の学長になるまでの道のりは決して平坦ではなかった。当初、留学生には日本人と同じ機会は与えられなかったが、彼は日本語だけで会話をするように努め、「日本人と同じレベルで競争する」ことを心掛けたという。ともすれば権威主義的で古めかしいアカデミックな世界にもこうした新たな風が吹いている。

また、日本の若い世代に直接影響を与える外国出身者も増えている。イラン出身のタレントのサヘル・ローズ氏やガーナ出身のミュージシャン、矢野デイビット氏である。サヘル・ローズ氏の家族は１９９３年に知人を頼って来日したが、母子家庭となり、厳しい貧困のなかで日本で育った。しかし多くの日本人の善意に助けられて成長することができたという。矢野デイビット氏は父親が日本人、母親はガーナ人という家庭に育ち、日本の児童養護施設で10年間過ごしたという経験を持つ。

日本人でもくじけそうな境遇のなかで育った2人だが、さらに外国出身ということで、何度もいじめに遭遇した。そうした経験をした2人は、日本の若者に世界に目を向けること、人を肩書や外見ではなく、一人の個人として見ることを各地域を回って説いている。自らの生々しい体験からの言葉は同質的な社会で育ってきた日本の青年に大きなショックと意識の転換をもたらしている。

異文化受容の素地

では、日本は外国人を受入れる素地を十分に持っているといえるだろうか?

日本社会が決して排他的ではないということを実感する事例がいくつもある。

筆者は国際交流基金の地球市民賞の選考委員を務めていたことがあるが、その受賞団体のなかにはとても信じられないような地域での活動が見られる。ここで紹介する二つの受賞団体はその例だが、日本がいかに世界に対して開かれた国民性を持っているかを思い知らされる事例である。

一つは福島県川俣町の「コスキン・エン・ハポン」(日本のコスキン)と呼ばれる音楽イベントである。川俣町は福島県北部の山あいにある人口1万3000人の小さな町である。南米アンデス山脈の先住民族の音楽、フォルクローレに魅せられた川俣町に住む一住民が1975年に町の福祉センターでフォルクローレのイベントを行ったことをきっかけとして、町ぐるみでフォルクローレを楽しむイベントへと発展した。

コスキンとはアルゼンチンにある地名でこの町でフォルクローレの世界的な祭典が行われる。川俣町の「コスキン・エン・ハポン」の音楽祭は3日間にかけて開催され、初日には子どもからお年寄りまで1300人がパレードを行う。

アルゼンチン、ボリビア、ペルーからプロの音楽家も参加し、来場者は一万人を数える日本最大級のフォルクローレイベントである。コスキン・エン・ハポンの前祭りとして、パレードには約30の団体、バイクの愛好者、乗馬クラブ、老人クラブから幼稚園児に至るあらゆる層の町民が参加し、町の中心市街地はそれぞれ南米の民族衣装で着飾った人々が練り歩き、町中が南米一色となるという。

フォルクローレは川俣町の町民の間に浸透しており、町民にとって誇れる文化、生活の一部として定着しているという。川俣町から南米へ移民した人が多いということでも全くない。単にフォルクローレの愛好家がいたことがすべての始まりになっている。

同年に地球市民賞を受賞した団体に鹿児島県三島村の硫黄島地区会がある。硫黄島地区会とは、離島である硫黄島に住む人々の地域で人口は120人に過ぎない。活火山の島である硫黄島には鹿児島港から週に2、3回フェリーが通うのみである。

その島の住民が島を上げてアフリカのギニアと交流していると聞けばだれもが驚くだろう。西アフリカの太鼓である「ジャンベ」の著名な演奏家が島を訪れたことをきっかけに、毎年8月、ジャンベの国際ワークショップが開催される。硫黄島の住民の間にはジャンベが浸透しており、ギアナの演奏家の指導によるジャンベスクールまで開設されている。三島村のホームページには「今や三島村は、ギニア共和国の伝統芸能を真摯に継承する国内唯一の村として、ギニア共和国との友好的な関係を築き上げています」とある。

以上のような実例を見れば日本人は外国人に対して排他的であるという意見は極めて偏ったものであるといわざるを得ないだろう。もちろん、すべての日本人が外国人に対する偏見がないわけではない。しかし、それは世界のどの国でもあることであり、日本人はむしろ、偏見なく異文化を受入れるDNAを持っているといえるのではないだろうか。

受入れの四つのステップ

今後、日本の政策はどう発展していくべきだろうか?

筆者の見方では2019年4月の入管法の改正は単に第一段階に過ぎない。しかも、国内に広がっていた移民懸念論のために中途半端なかたちでの一歩である。現場労働分野での就労を目的とする在留資格、特定技能ができたが、1号では5年に限られ、これではデカセギ労働者が増えるだけである。であれば、次に目指すべきは第二段階であり、ここでは、定住を前提として外国人労働者を受入れ、その育成と日本への定着を図る必要がある。

一方、現状では法的な裏付けのない「外国人材の受入れ・共生のための総合的対応策」に法的裏付けを与え、継続的な政策として社会に位置づけることが必要になる。そのために必要なのが「在留外国人基本法」である。政府の役割を明示し、地域社会での受入れとして行われてきた多文化共生に法的な裏付けを与えるとともに、外国人を雇用する企業の役割も明示することで車の両輪が完成する。これは外国人が日本で活躍できるための基礎インフラの整備と捉えることができよう。

では第三段階はどうだろうか？　この段階では外国人の活躍促進がテーマとなる。第二段階が外国人の日本語能力の強化など日本人に追いつくことを目指すとすれば、第三段階は彼らの持つ潜在力を引き出し、日本人とのウインウインの関係のなかで彼らならではの活動が行えるようなインフラが必要になる。

それは外国人向けの起業セミナー、あるいは新たな文化創出のための仕組みが相当するだろう。最終的に目指すべきは、外国人と日本人との共生社会実現であるが、そのためには、優秀な外国人の定住拡大が欠かせない。そのための受入れの枠組みについても段階的な政策の進展が必要になるだろう（図7）。

このように順調に段階を踏んで発展していけばよいが、第一段階のままで留まれば、今後、

従　来	高度人材のみ受入れ、定住政策なし 人口減少下で技能実習生、デカセギ留学生増大で矛盾拡大
↓	
第一段階	特定技能により就労解禁、在留外国人への支援開始
↓	
第二段階	定住前提に労働者の育成・定着、在留外国人の社会の位置づけ及び外国人に対しての政府の責務明確化（在留外国人基本法）
↓	
第三段階	優秀な外国人の定住拡大、地方での外国人住民の増大と活躍、外国人の子どもたちの教育レベル向上
↓	
第四段階	社会のイノベーション活発化で閉塞感の打破、未来への希望のある社会の実現

図7　外国人受入れのステップ

大きな問題が発生するだろう。筆者はかつて「多文化パワー」という造語を考えたが、これは外国人と日本人の間でウインウインの関係が強まり、1たす1以上の力が発揮されることを指す。外国人は単なる人手不足を補う労働者ではなく、日本人にない価値観、文化、ネットワーク、起業精神を持っており、それが相乗効果を発揮する可能性があるからである。その好循環が働く仕組みができれば、日本は閉塞感を打破し、人口減少、高齢化が一定レベルで続くなかでも、活力ある社会を維持し衰退から脱することもできるだろう。

　コロナショック後の日本のテーマがレジリエンスを高めることであるとすれば、外国人青年をいかに日本として積極的に呼び込むかを考えていく必要がある。

そのためには、政府としてどのような期待を持って受入れるのかを国内外に明確に示すべきだろう。そこには他の日本人と同様に日本社会を担う一員となってほしいこと、そのために日本語教育や職業訓練などを行うことなどを明示すべきだろう。

また実際に彼らを受入れるのは地域社会である。コロナショックでも自治体の重要性に脚光が当たったが、自治体としてどのような受入れが可能かについて知恵を絞る必要があるだろう。その参考として紹介したいのがカナダの「難民」受入れ制度である。

市民が難民受入れをホストする

カナダでは難民を受入れる際、民間スポンサーという制度がある。この制度は、個人が数名のグループを作ることで難民受入れのスポンサーとなることができるというものだ。友人同士や市民団体、小学校のPTAなど地域のグループがスポンサーとなって難民を引き受入れるもので、2015年には5000人ほどの難民がこの制度によってカナダに移住してきていた。

難民を受入れてみようと考える地域の人々が話し合い、まず受入れに必要な住居の準備、就労支援、子どもの教育等のケアを行える体制づくりを話し合う。通常は個人よりも家族単位の難民を引き受ける場合が多いという。移民のための英語（フランス語）教育と医療については公的制度が利用できるが、それ以外の生活の世話は地元の人たちがボランティアで面倒を見るというのがこの制度の前提となっている。

この事業を行う民間グループは難民を受入れるための準備金として、難民1人であれば支度金1万ドル強、2人であれば2万ドル強という金額を用意する必要がある。この資金は難民（家族）の家を借りたり、家具を揃えたりすることに使われるが、実際は地元の人たちの寄付で、支度金にそれほど手をつけずに受入れが完了することも多い。

この事業で受入れたグループは、最初の1年間は受入れ難民の面倒を見ることが義務づけられており、政府への資金に依存することはできない。受入れた民間グループは、難民が入国後、できるだけ早く自立を促すように仕向け、仕事を斡旋するという。

地元のグループと海外にいる難民との仲介を行う斡旋団体もある。地元の受入れグループの代表のなかには斡旋団体のスタッフとともに実際に難民の住む海外に出かけ、そこで難民の人たちにインタビューするケースもある。

どの人であれば自分たちが受入れをするのに適切かを決めるためだ。受入れ側で人気があるのは、子どもが2、3人いる難民家族だという。

受入れ団体がカナダに移住を希望する難民に対して配るのが100の質問票である。この質問票での回答を見て、カナダの社会に溶け込めるかを確認する。

質問では「冬に毎朝6時に起きて30分歩いて仕事先のマクドナルドまで通えますか？」と

いった具体的な質問もある。重要なのはカナダでの生活が楽な暮らしが約束された天国ではないことを教えるとともに、自立した生活を前提とした現実的な暮らしに対応できる人物かどうかを見ることだ。

難民の家族はカナダに到着したあと、英語が十分にできない間は、レストランの皿洗いなどの仕事に就くことが多いという。しかし、徐々に英語が上達するにつれてより時給の高い仕事に就けるようになっていく。そして、1年後にはほとんどの家族が生活できるレベルに達するという。

1年たってさらに支援が必要である場合には、国の支援を受けることも可能になる。しかし、現実には民間スポンサー制はうまく機能しているため、その必要なケースは少ない。

2016年1月、トロントで受入れ団体を視察した難民支援協会の新島彩子氏は、以上の話をセミナーで伝えてくれたが、難民の人たちが安心して暮らせるよう、地域で積極的な話し合いが行われ、必要な家財道具や衣類を持ち寄るカナダ人の姿勢に感銘を受けたという。

なぜ難民の受入れを行うのかという彼女の質問に対して地元民は「難民の受入れは一度やるとやりがいがあって病みつきになるぐらい楽しい」と答えたという。難民にカナダの文化や英語を教え、一家が社会に溶け込むことを手助けするのは極めてやりがいのある充実した経験だというのだ。

難民の受入れは人道的立場から進めるべきものであり、日本への貢献の可能性という尺度を除外して考えるべきものだが、現実には優秀な難民が移住先で大きな貢献を行う例も多い。日本では難民の受入れも進んでいないが、難民にしろ移民にしろ、厳しい人口減少に悩む地域にとってカナダの例は受入れの一つのモデルになる事業ではないだろうか。

結びにかえて

２０１８年末、日本の外国人受入れについての政策変更は、日本のメディアだけではなく、世界のメディアから関心を集めた。ニューヨーク・タイムズ、ワシントン・ポスト、ロイター、ＢＢＣなど世界のメディアの目が日本に注がれた。

それは厳しい人口減少に陥りながら移民受入れを拒んできた日本がようやく政策を転換しそうだということへの関心の高まりであったといえる。それと同時に、世界各地でポピュリズム勢力の高まり、世界の潮流が移民、難民の受入れ拒否に動き、閉鎖的な雰囲気が強まるなかで、日本がその潮流に一人立ち向かい、国を開く方向を目指そうとしていることを伝えたいという思いが強かったからに他ならない。

筆者のもとにも海外からひっきりなしに問い合わせが続いていたなかで、ＡＰ通信から、通常と異なる問いが寄せられた。それは、30年後の日本は一体どうなっているのかという質問だった。

その質問を受けて改めて今後何が起こるかを考えてみた。30年後、２０５０年といえば今の大学生が50歳となり働き盛りの時代である。この時代、外国人はそもそもどれくらいになっているのだろうか？

単純な推計をしてみよう。2019年の1年間に20万人、在留外国人は増加した。コロナショックで今後1、2年は日本への入国に厳しい制限が課されるが、ワクチンの目途が立てば、急速に回復するだろう。仮に今後、30年間、毎年25万人増加したとしてみよう。これは今後の人口減少を補うにははるかに届かない数字であり、慎重な判断での数字といえるだろう。しかし、これが30年間続けば総計で750万人の増となり、2019年の290万人の在留外国人を加えるとほぼ1000万人に達する。人口の10％近くに達する数字である（しかも、30年で終わるわけではなく、50年、100年と外国人の数は増えていくだろう）。

しかし、問題はその中身である。どこの国からこれだけの人が来るのだろうか？　現在、日本に在留する外国人のほとんどはアジア出身者であり、東アジア、東南アジアが大半を占める。しかし、東アジア、東南アジアは経済成長とともに高齢化も進んでいる。おそらく十数年後には、日本が積極的な受入れ政策をとったとしても、来日する数は頭打ちになるだろう。

ではどこから来るのか？　将来にわたり、人口増加が続くのがアフリカである。そうであれば、30年後には海外から日本で働き、定住する外国人の一定数はアフリカからやってくることになるだろう。またムスリムの人口も増えていくだろう。

幸いアフリカ等の日本にとって文化的なつながりが乏しい国、異文化度が極めて高い国から相当数の人がやって来るまでには十数年の時間があるだろう。その期間は日本が本格的な異文化流入に直面するための準備期間ともいえる。

考えてみれば東アジア、東南アジアの人々は日本人、日本社会との親和性が高く、現在も大きな問題は発生していない。その意味で、こうした人たちの受入れをしっかり行い、その経験を踏まえた上で、十数年後に起こる第二の外国人受入れの波に備えるべく、社会の多様性、寛容性を高めていく必要があるだろう。

コロナショックに直面して、われわれは新しい日本の将来像を構想すべき時期を迎えた。それなくして日本新生はありえない。その成功へ導くカギは国内でのポストコロナの取組みとともに、将来日本各地で活躍するであろう外国人であり、外国ルーツ青少年が握っていると確信している。コロナショック後の日本はさまざまな重荷を背負って再出発することになるが、どのような未来像を日本は描くべきかを考える際、本書がそうした議論を展開するなかの一冊として読まれれば大変ありがたいと考える。

本書の出版が可能になったのは過去数十年にわたりお世話になってきた明石書店の大江道雅代表取締役の快諾によってである。コロナショックによって書店の多くが営業を控えている状況のなかで出版の了解を得たことは、望外の喜びであり、感謝に堪えない。また編集については岡留洋文氏に大変お世話になった。本書のなかで取り上げさせていただいた多くの友人、そして日本国際交流センターの同僚への感謝とともに、お二人に心からの御礼を申し上げる。

毛受敏浩

〈著者紹介〉

毛受 敏浩（めんじゅ・としひろ）

慶應義塾大学法学部卒業。米国エバグリーン州立大学大学院公共政策修士。桜美林大学博士課程単位取得退学。

兵庫県庁で10年間の勤務の後、1988年より公益財団法人日本国際交流センターに勤務し現在、執行理事。草の根の国際交流活動を中心に、幅広い分野を担当。慶應義塾大学等で非常勤講師を歴任。現在、文化庁国語分科会日本語教育小委員会委員、新宿区多文化共生まちづくり会議会長、日本NPOセンター及び未来を創る財団理事。2005年、第一回国際交流・協力実践者全国会議委員長。著書に『限界国家 人口減少で日本が迫られる最終選択』（朝日新聞出版）、『人口激減――移民は日本に必要である』（新潮新書）、『公務員のための外国語活用術』（ぎょうせい）、『異文化体験入門』『自治体がひらく日本の移民政策』（ともに明石書店）等。また監訳書に『スモールマート革命　持続可能な地域経済活性化への挑戦』（明石書店）がある。

移民が導く日本の未来
――ポストコロナと人口激減時代の処方箋

2020年8月20日　初版第1刷発行

著　者　　毛　受　敏　浩
発行者　　大　江　道　雅
発行所　　株式会社明石書店

〒101-0021 東京都千代田区外神田6-9-5
電　話　03（5818）1171
FAX　03（5818）1174
振　替　00100-7-24505
http://www.akashi.co.jp

装丁　　明石書店デザイン室
印刷・製本　　モリモト印刷株式会社

ISBN978-4-7503-5066-0
（定価はカバーに表示してあります）